Bryan Edizioni
Erba

D1730708

Ottimizzazione: Mario Berardino
Videocomposizione: Fabio Carrara

Immagine di copertina:
L'estasi di Santa Teresa
di Gianlorenzo Bernini
Roma, Santa Maria della Vittoria,
Cappella Cornaro.
Marmo e bronzo, particolare.
Eseguita tra il 1647 e il 1652.
Elaborazione grafica:
Fabrizio Bellanca

Proprietà letteraria riservata
Bryan Edizioni
via Adua, 5 – Erba
e-mail: info@bryan.it

Prima edizione 2004

Finito di stampare nel mese di ottobre 2004
Grafica A. Zeta , Erba
per conto di Bryan Edizioni
ISBN 88-900672-1-7

FILIPPO DI GREGORIO

L'ULTIMO ROGO

Con una prefazione di Antonio Di Pietro

Una storia italiana

editrice bryan

Prefazione
a cura di Antonio Di Pietro

Nella quinta lezione dedicata alla *Molteplicità* delle sue *Lezioni americane*, Italo Calvino afferma che «l'eccessiva ambizione dei propositi può essere rimproverabile in molti campi d'attività, non in letteratura».

E ciò a prescindere dai risultati pratici che tale ambizione riesce a produrre. Il campo della letteratura non è il mio proprio, ma penso tuttavia che tale ambizione abbia alimentato lo sforzo di narratore dell'autore dell'*Ultimo rogo*, Filippo Di Gregorio, quando intraprese l'opera di raccontare le due storie che si intrecciano nel racconto. La forte ambizione che vi è sottesa, mi sembra di scorgerla, è anche la massima delle ambizioni possibili: quella di confrontarsi con la nozione della verità.

Che è anche, sempre, la ricerca costante di chi ha calcato o frequenta tutt'oggi un'aula giudiziaria.

La verità irrompe nel racconto di Filippo Di Gregorio come verità negata, verità ricercata, alla fine come verità che si impone e fuga dubbi e falsificazioni.

Anche in ambito letterario, tale verità si impone. E infatti il racconto di Filippo Di Gregorio tenta la strada diritta del realismo, non cerca le vie tortuose dell'improvvisazione, della fantasia, dell'immaginazione gratuita.

Tutto è ricostruito con lo sforzo di ritrovare in documenti ufficiali, articoli giornalistici, reperti autoptici, ricerche storiche specifiche quanto più possa aiutare il lettore a farsi una chiara idea, una idea realistica di un'epoca storica che sembra ancor oggi non voler tramontare.

Il nucleo concettuale attorno al quale l'intera opera narrativa mi sembra orbitare è la nozione di fatto, inteso sia in senso naturalistico, scientifico, che in quello giuridico del termine.

Vi è un passo del libro, nel quale viene riferito della sottile, ma utile distinzione tra nozione naturalistica e nozione giuridica di fatto, che è uno dei capisaldi della nostra civiltà giuridica; uno degli elementi che ancor oggi confermano la nostra come una legislazione nella quale è vigente il principio di rispetto dell'intangibilità della persona, l'*habeas corpus* al quale nel libro si allude efficacemente.

E che nella nostra cultura ancora sopravviva il senso di una civiltà giuridica, e ciò nonostante i molteplici tentativi di sovvertirla, è quanto efficacemente traspare dalla ricostruzione che ha riguardato la vita delle due donne di cui si racconta: Maddalena Lazzari e Elisabetta Scacchi. Se per la prima non vi fu alcuna garanzia alla sua dignità di essere umano, dotato di diritti, intangibile e sacro; per la seconda l'affermarsi di una civiltà giuridica moderna fondata sulla sacralità della persona, la sua intangibilità, la presunzione della sua innocenza permise un diverso epilogo, meno traumatico, di una vicenda per moltissimi aspetti del tutto parallela.

Semmai, come emerge dalla ricostruzione storico-letteraria, resta da chiedersi se non fosse altrove, per l'appunto nell'ambito della società, turbata e disorientata, il luogo da indagare per spiegare il perché di una persecuzione.

Il che ripropone il tema, annoso, del rapporto tra sistema giudiziario e società che lo esprime. Guai a immaginarli separati, avulsi l'uno dall'altro, quasi che l'ordinamento giudiziario di un paese possa agire in uno stato di impazzimento, controtendenza, per non dire contro la cultura e gli interessi della società che lo esprime.

E ciò vale anche in un contesto storico in cui la giustizia entra in una situazione di difficoltà, come quello attuale. Oggi esiste infatti un problema giustizia, perché il processo non riesce a produrre i suoi effetti: è troppo lungo e arriva in maniera tale che, quando giunge la sentenza definitiva, ormai è fuori "tempo massimo". Le riforme sulla giustizia si devono fare. Il problema è che, invece di realizzare le riforme sulla giustizia, si fanno le riforme per ottenere l'impunità e non per conseguire un processo certo, rapido e concreto.

Anche le attuali difficoltà, però, sono il prodotto di una situazione di crisi della società, della quale il sistema giudiziario è una componente indispensabile, non qualcosa di avulso.

Quindi, non di due cose separate si tratta, la giustizia contro la società. Anzi, spesso risulta proprio il contrario, e entrambe le storie narrate in questo libro ce lo confermano.

Antonio Di Pietro

FILIPPO DI GREGORIO

L'ULTIMO ROGO

Umana cosa è l'aver compassione agli afflitti; e come che a ciascuna persona stea bene, a coloro è massimamente richiesto li quali hanno di conforto avuto mestiere, e hannol trovato in alcuni: fra' quali, se alcuno mai n'ebbe bisogno, o gli fu caro, o già ne ricevette piacere, io son uno di quegli.

Giovanni Boccaccio, Proemio del *Decameron*

Capitolo I
"Li prego di scusarmi del tempo che li ho struzziati"

S'era nel 1672, tra le Alpi orobie. Una terra povera, solcata da oscure presenze, per l'esistenza di inquietanti accessi agli inferi, testimoniati dalle calde acque gorgoglianti delle terme bormine; e persino quel nome di paese, Bormio, riferisce da secoli dell'idronimo che definiva le sorgenti in qualcuna delle lingue nordiche, fino ad approdare al linguaggio lepontico, il celto-ligure che darà nome al luogo: il luogo in cui l'acqua ribolle, segnando così il suo tracciato infernale.

C'era agitazione, in quei tempi, attorno alla casa del prevosto di Premodio in Bormio, diocesi di Como, marca di confine fra le santissime, apostoliche genti della Chiesa romana e le funeste terre dello scisma eretico di Lutero.

Tra le mura della prevostura, secondo la denuncia dell'inferma ma attendibile Giovanna Pedrini, s'aggirava una donna del sortilegio, che più volte l'aveva visitata, inducendole il male che ora accusava – la serva del curato.

Maddalena Lazzari era il suo nome. Di lei non conosciamo che questo, una età di donna matura, ma la forza e la resistenza di una giovinetta, e un forte carattere. Svolgere servizio presso il religioso del paese, accudirlo, seguirne i gusti e assecondarne i bisogni, nel 1672, rappresentava uno status dignitoso, l'appartenenza a una buona condizione sociale, in una terra povera, spesso attraversata dalla carestia o dai contagi come dagli eserciti e dai saccheggi.

Vivere in agiatezze allora invidiabili, nella pace della prevostura, oltretutto, garantiva un titolo di ulteriore intangibilità. Nessuna intrusione, nessun pericolo potevano insidiare una donna piacente, è da presumere, per quanto adulta, che non aveva nulla da temere dal potere (politico o spirituale che fosse) o dalle insidie del volgo.

Per questa ragione, del suolo consacrato e quindi intoccabile, gli sbirri e il messo del podestà cittadino furono costretti ad appostarsi, non visti, ai lati dell'abitazione del curato, e attesero, per ore, che Maddalena Lazzari ne uscisse: l'arrestarono, era forse il sei di novembre, e la condussero, senz'altro chiarirle, nel palazzo podestarile.

Non risultano atti di resistenza di Maddalena Lazzari. La sua condizione, privilegiata, di serva del prevosto dovette convincerla dell'equivoco in cui era incorsa: fiduciosa di sé, certa della benigna considerazione del curato alla quale era sicura di poter ricorrere, e persino della saggezza, che non difetta mai in una donna di esperienza, si persuase d'esser oggetto di qualche gratuita accusa; una ben precisa accusa, rifletté, e identificò persino chi avesse potuto lanciarla, l'Anna Sacchetti, da tempo in lite con lei per ragione di una eredità lasciatale dalla propria matrigna. Ma il rischio di una imputazione di stregoneria, a quei tempi, esorbitava dalle possibili implicazioni di ordine logico. E tuttavia Maddalena Lazzari sembrava confidare nella forza del buon senso, nell'accomodamento delle cose, nella bontà dell'essere, per così dire, e buttarla in metafisica. Non immaginava, se non come estrema, remota eventualità, che le sarebbe stata intentata l'accusa più insidiosa; che sarebbe stata, di lì a poco, carne bruciata.

Ciò che invece, prontamente, dovette comprendere il di lei padrone, certo figura centrale nelle speranze della sua serva; e invece defilato, poco caritatevole, che mai farà sentire la sua voce, mai chiederà di testimoniare in favore (avrebbe potuto farlo "contro"?) di Maddalena Lazzari, né invierà una qualche memoria scritta, una lettera, un cenno che la discolpasse.

Il curato è un uomo di mondo: percepisce, per l'ennesima volta, la pressione dell'inquisizione, e sin troppo vicina a sé; sente prepararsi all'esercizio le arti della lotta al maligno, come un gelido soffio sulla città incupita. Si convince che sia meglio lasciar perdere l'intervento pietoso: salvare se stesso, lasciare alle torture del caso la povera serva.

Le accuse che l'inquisitore raccoglie contro di lei paiono, per quei tempi, verisimili.

(*In limine*: un grande lombardo, due secoli dopo questa vicenda, ebbe a scrivere parole sensate e memorabili sulla banale e all'apparenza innocua voluta concettuale del verisimile: «Terribile parola, per intendere l'importanza della quale, son necessarie alcune osservazioni sulla pratica di quei tempi ne' giudizi criminali», tra cui rientravano i processi di stregoneria.)

Vi è un'imputazione, proveniente da persona ammalatasi a seguito della visite di Maddalena Lazzari; vi è anche, e la coincidenza rafforza, non diminuisce, i sospetti, la denuncia di una povera disgraziata, nel paese denominata "la pazza Giacomina", ormai abbrutita e di stanza nelle carceri cittadine, folle e maga confessa, che accusa la serva del prete di preparare l'«unguento delle streghe»; e vi è infine il presupposto genetico famigliare, l'inveterata predisposizione ereditaria alla pratica magica: due zie dell'accusata già erano state condannate e uccise per stregoneria.

Ecco dunque i casi di imputazione, cui riferirsi nel processo, che inorgoglirono e rafforzarono nel loro intento i cavalieri onorevoli incaricati della procedura inquisitoria.

Il sette novembre 1672, per la prima volta, Maddalena Lazzari comparve loro innanzi. Ebbe inizio il *processus informationis*, ad opera dell'illustrissimo Nicola Rimai, *meritissimus praetor* in Bormio, e dei cavalieri inquirenti Giovan Battista Casolari e Bartolomeo Gotti.

Quali meriti avessero gli eccellenti indagatori del mistero, ciascuno, a quei tempi, non avrebbe avuto il menomo dubbio: onori, appartenenze a lignaggi blasonati del paese, inflessibile fede. Alcuni, figli secondogeniti di famiglie agiate, erano entrati negli ordini mendicanti, domenicano in primis; ma anche i francescani non erano avulsi dall'azione benefica della lotta al maligno.

Anzi, sembra che il vescovo di Como, a partire dal XVI secolo, impressionato dalla violenza della repressione dei seguaci di San Domenico in Valtellina, affiancasse loro i francescani per mitigarne gli abusi. Nel chiostro della chiesa di San Francesco in Como, era visibile sino al secolo scorso l'iscrizione celebrativa del restauro voluto dal francescano Protasio Porro (i Porro, altra emerita famiglia di Como) nel 1521, «di ritorno dalla persecuzione delle streghe in Aosta». Pensare che, quattro secoli più tardi, quel recinto religioso sarebbe stato abbattuto per edificarvi il tribunale di Como, lascia sospetti sulla fatale predisposizione di quel perimetro all'esercizio inquisitorio.

– Innocente, è quanto si dichiara Maddalena Lazzari, di fronte al Gran Consiglio.

– Sono chiamata "la Petrigna" in paese, perché mia madre era soprannominata "la Petrigna", risponde alle domande dei due inquirenti.

E, sin da queste prime battute del processo, si manifesta la contrapposizione delle culture che lì si confrontarono. Da una parte gli uomini che derivano i propri onori, gli stessi *cognomen* dalla discendenza maschile; dall'altra, la donna, che trae dalla madre la propria provenienza, forse anche la propria coscienza. Era la cultura del sangue, contro quella della carne.

– L'Anna Sacchetti l'accusa di empietà, le si rivolse l'inquisitore.

– La mi perseguita per l'eredità della matrigna, negatami da lei.

– Risolvetevi a dire la verità, la incalzò l'uomo, se pur volete schivare il rigore dei tormenti.

– Ho detto la verità, rispose inquietata Maddalena Lazzari, senza riconoscere nella fredda enunciazione del «rigore dei tormenti» la formulazione di rito, presupposta e suggerita nei trattati sul processo contro maghi e streghe, che molti prima di lei ebbero il caso d'ascoltare e troppe volte l'impossibilità di raccontare.

Tra i pochi che vi incorsero e riuscirono a sopravvivervi, e che l'avrebbero ricordata, la frase sui tormenti, come memoria incancellabile, Galileo Galilei trattato come eretico, stregone e apostata. Anche a lui era stata rivolta l'intimazione, e parimenti ad altre centinaia di migliaia, vittime di tale «legale carneficina» come la definì Alessandro Manzoni.

Gli interrogatori continuarono, i giorni seguenti, con le testimonianze e i confronti con i testi.

A favore intervenne Barbara Motta: non testimoniò che una normalità, quella della vita quotidiana che, in quanto usuale, non genera mostri né casi di inquietudine, ma esprime la banalità dell'esistere. Testimone d'accusa fu Anna Sacchetti, la cui deposizione fu furiosamente contraria.

A conclusione di quella seduta del processo, Maddalena Lazzari chiese «altra grazia» ai suoi carcerieri:

– Mi levino alla mia prigione, troppo scura, e mi mettano in luogo dove sentire possa le campane, e mi consoli un pochino la luce.

Che lascia intendere le condizioni nelle quali ella fosse reclusa: un basso umido, gelido per l'inverno incipiente, privo di ogni luce, del conforto di una voce o di un suono.

In risposta alle richieste, l'accusata è posta alle corde. Si trattava di un supplizio sfiancante: braccia e gambe legate, da tergo, il petto verso terra, e il corpo a fungere da peso.

– Volete dire la verità, innanzi che le corde vi tirino su? Le chiese il cavaliere.

– Sono innocente – rispose. – Mi tirino su quanto vogliono. Pregate Dio per me.

Non resistette a lungo, appena qualche minuto, a quel supplizio.

Maddalena Lazzari cedette, o almeno così dichiarò:

– Mi lascino, dirò cosa vogliono.

E tuttavia fu abbandonata un'ora appesa, segnala, diligente, il verbalizzatore del processo.

Era costui il fratello del pretore eminentissimo Nicola Rimai, e non lasciò di annotare con diligenza ogni aspetto del procedimento, persino quando la tenacia di Maddalena Lazzari rendeva stupiti gli stessi inquisitori.

Nella storia dei processi all'eresia, s'era consolidata dapprima, per divenire in seguito procedura codificata, la prassi di assegnare all'autorità ecclesiastica, e quindi al vescovo, il compito della ricerca degli eretici e il loro processo. Al "braccio secolare" spettava l'esecuzione della punizione: non possedeva le necessarie competenze tecniche, né l'ardore, verrebbe da dire oggi, a tanti secoli di distanza, per intraprendere l'azione di perseguitare «la razza abominevole delle streghe».

Certo, la prassi non impedì, soprattutto negli ultimi decenni della caccia sfrenata, che si derogasse alla ripartizione dei ruoli. Anzi la Chiesa cercò di mitigare il ricorso al rogo; ma non impedì, né scoraggiò, che l'autorità pubblica si adoperasse per suo conto, per una sorta di eccesso di zelo, nell'interessata opera di inquisizione. E sembra proprio il caso di Maddalena Lazzari.

Abilità particolari nella ricerca dei malefici avevano dimostrato sino allora i domenicani. Loro sede, all'interno della diocesi, vivace fucina dell'arte investigativa, era il monastero di San Giovanni *extra moenia* in Como. Al suo interno si torturò, e pregò, per secoli, nei buoni come nei cattivi momenti della lotta per debellare i magici sortilegi dalla terra lariana.

Secoli di ricerche teologiche, per lo più ispirate al vangelo di Luca (4, 1-12), Gesù tentato dal Diavolo: «Se ti prostrerai davanti a me, tutto questo sarà tuo»; studi di procedura mossi dall'opera di Bernardino da Siena, uno dei primi, frementi eccitatori della caccia alle streghe, per tanti suoi successori: risultavano nello *scriptorium* del convento il *Canon episcopi*, uno dei primi trattati sulla stregoneria, ispiratosi ad antichi capitolari franchi; *Malleus maleficarum* (il martello dei malefici), manuale dell'inquisizione dal 1478, del frate Giacomo Sprengler, un testo obbligatorio nella pratica processuale e famoso in tutta Europa, e le bolle papali di Innocente VIII, del 1484, *Summis desiderantes affectibus*, e di Urbano VIII, *Inscrutabilis*, che delineavano l'ordine delle pene cui sottomettere gli eretici e gli stregoni: scomuniche, confische dei beni, rogo.

Persino un illustre religioso comasco, Bernardo da Rategno, nei primi anni del XVI secolo, aveva dato al pubblico un manuale-guida per gli inquisitori, la *Lucerna inquisitorum*, sorta di testo giuridico con annesso breve compendio sulla stregoneria. Già inquisitore nella diocesi di Como, Bernardo suggeriva metodi sbrigativi, quindi efficaci, nelle procedure legali d'allora.

Si badava poco ai diritti dell'accusato e si procedeva per riscontri oggettivi, del tutto confrontabili con quelli usati da Gotti e Casolari con Maddalena Lazzari.

Nel dicembre 1672, l'accusata venne sottoposta a quattro

sessioni di tortura. Nel corso di una di esse, venne rasata e sul suo corpo furono ritrovate macchie evidenti della pelle, indizio della sua appartenenza al Diavolo.

Alle sofferenze morali e fisiche della detenzione, all'angoscia della reclusione nella segreta del palazzo podestarile, priva di luce, di conforto, al gelo, si aggiunsero così le ferite psichiche che devastarono persino la sua coscienza: un dubbio dovette insinuarsi in lei.

Gli inquisitori procedettero a incidere quei segni demoniaci, dai quali non fuoriuscì sangue: una seconda prova, inequivoca, della sua frequentazione del demone.

La sua resistenza morale vacillava. Ed ecco ancora i due giudici imporle altre, più gravi torture:

– *Exuatur et ligetur ad tormentum ad maiora habenda*, ordinano, speranzosi di svellere ogni residua resistenza.

Maddalena Lazzari è esangue, stroncata dalla tortura; i suoi accusatori assistono senza esitazioni, spavaldamente, alla scena del suo corpo avvilito, denudato e ferito.

Allora, solo allora, Maddalena Lazzari cedette. Confessò quanto i giudici volevano, perché i suoi accusatori volevano una confessione, non la verità. E le sue parole suonarono banali, scontate, delusero l'attesa fantastica dei nobili cavalieri, quasi li fecero vacillare, per l'evidente arrendevolezza, il segno dello stereotipo applicato alla sofferenza umana: qualsiasi cosa, pur di interrompere quel sadico processo. Ricalcavano frasi fatte, luoghi comuni, precetti popolari, fole e favole raccontate nelle osterie, nei conciliaboli, nelle lavanderie; ridislocavano in uno scenario fantastico atti reali e invenzioni di maniera raccolte nella novellistica contadina.

– Ho agito con il maligno, confessò quindi. Feci, continuò, abortire la Giovannina e l'Agnese, mie sorelle.

– E cos'altro compisti? La incitava l'inquisitore.

– Diedi butirro malefiziato al Martol d'Olga e il Martol d'Olga morì. Uova e farina, stregate da me con polveri, mi ammazzarono per ultimo un fanciullo.

Conclusasi la seduta delle torture, interrogatorio fu chiamato allora, e sarebbe stato in seguito detto, laddove si proceda per via di strumenti chirurgici, il fuoco, l'elettricità o il manganello nell'estorcere confessioni ai detenuti, Maddalena

Lazzari fu sottoposta all'onere della verbalizzazione, una pura formalità, cui lei non dovette altro fare che assistere, forse semicosciente, indolenzita, ebete per il dolore e per l'umiliazione del fisico e della propria fede.

Ora, avrebbero potuto, gli inquirenti, procedere spediti verso il desiderato obiettivo; perseguire l'intento qui e subito: spegnerla allora, agire per la salvezza delle anime cristiane e terminare il loro esercizio; ma diversamente suggerivano i testi di riferimento, che con saccenza compulsavano persino nel mentre delle torture, e pensarono così di trattenersi dal proseguire; dare fiato, e tempo, alle sofferenze della strega ormai confessa. La rimandarono nella sua chiusa, sorretta a destra e a manca da due sbirri, ché neppure le gambe le potevano reggere.

Le serrarono alle spalle la porta pesante e bassa, nera impenetrabile. Cadde a terra. Il colpo delle ginocchia sulla pietra del pavimento le aveva dato una scossa. Dovette abituarsi al gelo di quella pietra, che era diventato il gelo dell'aria e anche il gelo dei suoi arti. Dovette toccarsi le mani, indolenzite, tra loro per sapere di esistere ancora.

Pianse tutta quella notte. E le successive. In attesa, nella lunga e incerta attesa di uscire nuovamente dalla gelida chiusa notturna.

Nel gennaio del successivo 1673, Maddalena Lazzari fu sottoposta a un nuovo tormentoso supplizio, il cavalletto. Venne posta su un duro apparato di legno, elevato, sui quali spigoli il suo corpo si lacerava, subendo pesanti lussazioni delle articolazioni. Intento dei nobili cavalieri era di costringere l'accusata, ormai confessa, a rivelare i nomi delle proprie complici.

Ogni supplizio, giorno dopo giorno, prostrava Maddalena Lazzari come mai le era accaduto nel corso degli interrogatori dei mesi precedenti. Il tredici gennaio fu lasciata per quindici ore, tra stenti e brividi, sull'apparato di tortura.

Fu riportata a sera nel buio glaciale della prigione, ferita dal patire. Era notte ormai, la fiamma debole del meriggio boreale aveva cessato di mostrarsi da ore, e mentre gli sbirri la sorreggevano, nel tragitto verso la cella, Maddalena Lazzari scorse il cielo e i segni perfetti delle costellazioni invernali, come fossero un presagio per i suoi dì futuri. Vide Arturo, e vicina Cassiopea, e l'indizio inquietante dei gemelli che da bambina le avevano insegnato a riconoscere. E scorse la leggera falce della luna, ricordò che tante notti, da piccina, l'aveva interrogata su un avvenire che immaginava in cuore suo come un aperto prato del colore di tenebra.

Fu un istante. Su lei richiusero la porta e il buio sconfortante la rapì in un desiderio di scomparire per sempre.

– Volete dire la verità? La apostrofò nella successiva seduta il suo inquisitore.

– L'ho detta la verità, gli rispose la strega.

– Che verità avete detta?

– Che è tutto bugia.

Maddalena voleva forse provocare una violenta reazione contro di sé. Ricercò la morte, un veloce e decisivo gesto di chi contro di lei si accaniva. Ma sarebbe stata, a suo modo, una liberazione. Sarebbe stata soppressa per ciò che essa era e diceva; quasi che i suoi inquisitori le riconoscessero la dignità di una donna, di un essere umano. Lei non era più nemmeno questo: era strumento di affermazione di una verità, di un disegno che esorbitava dalla sua comprensione; disegno di disciplinamento che prevedeva la sua soppressione, ma lenta, motivata, quasi condivisa dal soppresso, tanto nei modi che nei tempi del sopprimere.

Di fronte a quella sfida, gli inquisitori non si turbarono, disponevano di ampia letteratura che potesse ispirare l'opera loro, e di una pazienza che soltanto l'alta missione cui erano dedicati poteva comprendere. Si apprestarono pertanto a lunghi momenti di sofferenza, della povera strega come di loro stessi, che certo non potevano godere di tanta improntitudine e scelleratezza.

Compresi nel proprio ruolo di agenti per conto della verità, proseguirono nell'interrogatorio, con spirito del dovere e carità, e aggiunsero 20 libbre di sovrappeso alle membra straziate di Maddalena Lazzari.

Dopo ore di ottusa violenza, la strega denunciò le proprie complici. Non paghi, incerti sulla fondatezza dell'ultima ammissione, i cavalieri la sottoposero a un ulteriore tormento notturno. Doveva cedere anche sul piano della propria

resistenza morale, non rivelare soltanto alcuni nomi. Così redige il verbalizzatore del processo, testimoniando la rinunzia a lottare di Maddalena Lazzari:
– Li prego di scusarmi del tempo che li ho *struzziati*, e domando perdonanza prima a Dio delle grandi offese, poi a lor signori.

Presentava la propria resa come il miglior trionfo degli inquisitori apprendisti di Bormio. Si limitò a chiosare, priva di ogni forza fisica e spirituale:
– Mi martirizzino, mi facciano morire, che non ho altro da aggiungere.

La cedevolezza di Maddalena Lazzari, sopravvissuta alle proprie torture, era il suggello della pratica vincente di Gotti e Rimai. L'inquisitore aveva mietuto il suo ultimo successo, ora la strega confessa aveva consegnato alla giustizia altre sventurate, nuovi processi sarebbero seguiti, nuove torture e sofferenze enormi si sarebbero prodotte nel palazzo del comune.

Nella sala del quale, finalmente, mondata dalle proprie colpe, Maddalena Lazzari si apprestò a rappresentare l'ultimo atto dell'iter processuale. La dichiarazione conclusiva fu un inganno autorizzato dalla legge: l'accusata doveva spontaneamente denunciarsi, confermare quanto estortole con la tortura. Ma il ricordo del dolore, e la convinzione di avvicinarsi alla fine, momento liberatorio da tanto strazio, le diedero la forza di ingannarsi, e ingannare i suoi giudici.

Maddalena fu decapitata, poco dopo. Con l'esecuzione, il suo corpo fu messo al rogo, e le ceneri disperse «nelle rapide acque dell'Adda», scrive il coraggioso autore dell'opuscolo da cui questo resoconto è tratto. Con lei, in quegli anni, morirono trentacinque tra uomini e donne accusate di stregoneria, «e con l'assenso del Vescovo di Como, il quale per tranquillità di coscienza aveva ordinato che assistesse ai processi quell'arciprete Simone Murchio».

La loro memoria non sarebbe mai più riabilitata.

Capitolo II
Disciplinar e organizzar

Le ottanta pagine del *Processo di Maddalena Lazzari, condannata e giustiziata quale strega in Bormio, l'anno 1673* sono il risultato del lavoro di lettura ed esposizione compiuto da Maurizio Monti, nel 1864, pubblicato per i tipi di Giorgetti in Como, oggi nei depositi librari dei musei della stessa cittadina.

Il *Processo di Maddalena Lazzari* è in un piccolo manoscritto di 134 pagine, intitolato *Processus informationis per ill. d. Nicolaum Rimaiam praetorem meritissimus Burmii, nec non excellentissimum omnium doctorem Jo. Baptistam de Casularis et d. Bartolomeum Gottum ad praesens contra Magdalenam... magica confessa et convincta.* Le domande sono verbalizzate nel colto latino del diritto vigente, le risposte della donna nel volgare lombardo del suo tempo.

Quando Monti diede alle stampe il suo opuscolo era convinto che il processo a Maddalena Lazzari sarebbe stato, se non l'ultimo, tra gli ultimi esercizi di tanta arte inquisitoria. Una nuova era di scienza e di pace prendeva l'avvio con l'affermazione dei lumi. Non manca egli infatti di segnalare, a chiosa del suo lavoro, quanto, pochi anni dopo lo strazio di Maddalena Lazzari, si affermasse altra cultura, altra civiltà fondata sul sapere e la ragione: «Nel 1755 il sacerdote Paolo Frisi, barnabita, sostiene in una sua conferenza *ex cathedra* che le streghe non esistono. Pietro Verri, nel 1777, in *Osservazioni su la tortura*, condannava il rito inquisitorio della Chiesa. Nel 1844 Manzoni, in *Storia della colonna infame*, completa l'atto d'accusa».

Mai più le pire nelle quali bruciare i resti delle condannate a reati espiatori. Mai più caccia alla razza malefica del demonio, alle donne del sortilegio.

Non pensava egli di avere fornito, quasi paradigma più che di un tempo storico di una condizione dell'essere, la testimonianza di una persecuzione, quali esistettero prima d'allora e continuarono ad esistere anche in seguito, talvolta in dimensioni talmente gigantesche da rendere risibili gli eventi bormini del XVII secolo. Persecuzioni collettive, con violenze commesse direttamente da folle omicide, e persecuzioni con risonanze collettive, condotte attraverso iniziative legali nelle loro forme ma generalmente incoraggiate da un'opinione pubblica sovreccitata, avrebbero continuato a segnare con un rivolo di menzogna e fiumi di sangue l'esperienza del genere umano.

Che si trattasse dei roghi nazisti, delle purghe staliniane, dell'opera di pulizia etnica dei Kmer contro gli eversori antisociali nelle paludi cambogiane, dei turchi contro gli armeni, dei serbi e dei croati contro i bosniaci, ovunque distruzione, pianto, eccesso; a memoria d'uomo, il prodursi dell'eterno ritorno.

"Crisi" definiscono tale rovina gli antropologi. Il crollo delle istituzioni che cancella e comprime le differenze gerarchiche che si producono in una società. Sembrava, o forse sarebbe meglio declinare al presente, ancor oggi, quel verbo: sembra che venga meno un sistema di scambi, cioè una cultura, a favore dell'emergere della reciprocità dell'insulto, dei colpi mortali, della vendetta e dei sintomi nevrotici. Siamo di fronte, anche nel caso di Maddalena Lazzari, allo stereotipo della crisi. Che è il primo prototipo della persecuzione. Esso è rappresentato dal culturale che in qualche maniera si eclissa, nasconde le differenze che lo hanno alimentato. Perché sono le differenze, e non il loro contrario, l'omologazione, a generare una cultura, qualsiasi cultura. Di tale crollo, che si manifestò anche allora, nell'ancora vicino a noi 1673, oggi come in passato si cercano le cause morali. «Ma gli individui, invece di incolpare se stessi, tendono necessariamente a incolpare sia la società nel suo insieme, il che li porta al disimpegno, sia gli altri individui che sembrano loro particolarmente nocivi per ragioni facili da scoprire. I sospetti sono accusati di un tipo particolare di crimini». Così l'intellettuale del passato secolo, René Girard, capace di individuare come in ogni epoca, nel moderno e prima d'allora, sia generata ovunque l'impressione di una radicale rovina del sociale, la fine delle regole e delle differenze che definiscono gli ordini culturali, come motivo e *casus* scatenante di ogni persecuzione violenta.

Quanto Alessandro Manzoni, il più intelligente degli italiani pensanti su tale materia, non esitò a scoprire, nella sua colonna infame: «Da' trovati del volgo – scriveva –, la gente istruita prendeva ciò che si poteva accomodar con le sue idee; da' trovati della gente istruita, il volgo prendeva ciò che si poteva intendere, e come lo poteva; e di tutto si formava una massa enorme e confusa di pubblica follia».

Una massa confusa di pubblica follia: il prerequisito di ogni caccia alle streghe; il confondersi del basso con l'alto, del colto con l'incolto: l'indifferenziazione del culturale, la fine delle differenze. L'orrore del caos, l'emergere del mostruoso come ovvietà, capaci di scatenare le folle. E la violenza contro un capro espiatorio: «Queste descrizioni [delle persecuzioni] – continua Girard – dicono e ridicono instancabilmente la perdita di ogni differenza, si tratta dell'indifferenziazione del culturale».

Allora, e anche prima d'allora.

Il monaco portoghese Feo de Santa Maria nel 1697 scriveva in occasione di una epidemia pestilenziale dei suoi tempi: «… si vedono i magistrati frastornati, le popolazioni spaventate, il governo politico disarticolato. … Tutto è ridotto in uno stato di estrema confusione».

E come Manzoni e Santa Maria, Boccaccio, Lucrezio, Tucidide, Camus non mancano di evidenziare lo sfacelo del sociale, sorto ad accompagnare, se non a causare, il collasso morale di un'epoca. E da esso l'implodere di ogni etica, il sorgere delle accuse espiatorie. Certe accuse: ecco i casi di violenza verso gli esseri più deboli e disarmati, in particolare i bambini e gli anziani; vi sono i crimini sessuali; i delitti che sconvolgono i tabù; le profanazioni delle ostie consacrate. Tutti eventi, misfatti, empietà che «si rivolgono contro i fondamenti stessi dell'ordine culturale», «non si contentano di

23

allentare il legame sociale, lo distruggono completamente». Esse forniscono ai sani, ai giusti, ai retti i motivi di imporsi su quanti abbiano infranto tale ordine. E i persecutori finiscono a questo punto, sempre più, per convincersi che un piccolo numero di individui, persino uno solo, possa rendersi estremamente nocivo all'intera società. È l'accusa stereotipata che legittima e facilita questa credenza. Essa fa da ponte tra la piccolezza dell'individuo e l'enormità del corpo sociale. Ma perché dei malfattori, anche diabolici, riescano a dare il senso della rovina del sociale, la certezza che le differenze siano annullate in tutta la comunità, occorre che essi l'abbiano colpita direttamente al cuore o alla testa, e che abbiano oltretutto già commesso nella loro sfera individuale crimini contagiosamente devastanti delle differenze: il parricidio, l'incesto, i rapporti contro natura, il sabba.

Di quali siano le motivazioni che muovano verso tali minacce, è superfluo ragionare. Sarebbe sufficiente indicare la causa efficiente, quella più vicina all'evento, capace di scatenarlo: il terrore, ispirato agli uomini dall'eclissi del culturale, la confusione universale che si esprime con l'insorgere della folla… La folla tende sempre verso la persecuzione.

E tale rincorrere il colpevole, perseguitarlo, con sagacia e quasi eroismo, vediamo manifestarsi in tante occasioni, la più famosa delle quali, ricorrente e comoda via d'uscita per una umanità cristiana, è l'accusa verso gli ebrei di intossicare le acque.

Guillaume de Machaud, grande inquisitore, non nominava le accuse stereotipate, ai suoi tempi neppure più *à la page*. Ciò di cui accusa gli ebrei è l'avvelenamento dei fiumi. Mette da parte le istanze più incredibili, e la sua relativa moderazione è forse dovuta alla propria qualità di "intellettuale". La ricerca dei colpevoli si perpetua, dunque, passata la facile età dell'eclissi dello scientifico, ma esige dei crimini più razionali; cerca di arricchirsi di sostanza. Per questo sfocia frequentemente nel tema del veleno.

La chimica sostituisce il demoniaco puro e semplice.

Anche Maddalena Lazzari, e con lei molte altre vittime di persecuzioni e linciaggi, rientra in questo *casus*: la sostanza tossica. Il *pharmacon*, che a seconda delle intenzioni di chi lo usa muta di effetto: sostanza curativa se adoprato con l'intento della cura, principio letale se strumento della perfida azione distruttrice. Inutile, oggi, motivare e costruire cause e scusanti: neppure la domanda più banale, perché?, trovava allora udienza nelle menti degli inquisitori, nel XVII come nel XX secolo. Continua, con grande efficacia, Girard: «Lo scopo dell'operazione resta lo stesso. L'accusa di avvelenamento permette di addossare la responsabilità di disastri perfettamente reali a gente le cui attività criminali non sono state veramente scoperte. Grazie al veleno è possibile persuadersi che un piccolo gruppo, o anche un solo individuo, riesca a nuocere a tutta la società senza farsi scoprire». Sarà infatti un caso che proprio un addetto alla pubblica sanità sia l'avvelenatore, l'untore, suo malgrado protagonista della persecuzione descritta da Manzoni? Egli, posto a metà tra il mondo dei sani e quello degli insani, responsabile quanto nessun altro della pubblica salute, avrebbe facoltà di compiere il bene, ma un perverso bisogno del male lo porta a diffondere il contagio con un unguento, *pharmacon*, appunto, con il quale rovinare la società. La salute dei singoli viene confusa con la rovina del sociale.

Bisogna dunque vedere nell'avvelenamento delle fonti d'acqua potabile una variante dello stereotipo accusatorio.

Chi partecipa all'avvelenamento, inevitabilmente, sarà in commercio con il demonio. E infatti gli indiziati d'avvelenamento sono sempre incolpati di partecipazione notturna al famoso sabba. Inutile che raccontino di essere stati da qualche altra parte, come rammenta Girard: «Nessun alibi è possibile perché la presenza fisica dell'accusata non è necessaria per stabilire la prova. La partecipazione alle riunioni criminali può essere puramente spirituale». Non a caso, nella fenomenologia che descriveva scientificamente il fenomeno della stregoneria in epoca medievale, la credenza si orientava verso le partecipazioni fisiche dei diavoli, dei demoni, delle streghe e degli stregoni, concretamente trasportati su scope volanti per accoppiarsi con gatti e caproni nei quali satana si sarebbe incarnato. Con l'affermarsi dello scientifico, si propende verso una partecipazione *in spiritu*, più aleatoria, e tuttavia sufficiente al sostentamento di un'ipotesi accusatoria.

Importante sarà confermare, provare e acclamare l'esistenza di trame colpevoli, volte a disintegrare l'unità del corpo sociale: e la strega è l'essere che, più d'ogni altro, si dedica ad attività suscettibili di intaccare il corpo sociale nel suo insieme. E ciò in quanto essa meglio di ogni altra figura fantastica risponde a quel criterio di selezione della vittima: «È la media che qui definisce la norma. Più ci si allontana dallo statuto sociale comune, in un senso o nell'altro, più aumentano i rischi di persecuzione».

Non esiste cultura all'interno della quale ciascuno non si senta "differente" dagli altri e non giudichi legittime e necessarie le differenze. Nell'Europa squassata dal conflitto religioso, che era poi anche un modo di manifestarsi di altro, più vasto segno di crisi, il passaggio dalla società organica a quella moderna, si assiste all'accanimento contro quanto manifesti un attacco alla santità della tradizione. Le differenze tra ciò che prima si riteneva mostruoso e quanto si verifica essere ormai quotidiano risultano ogni giorno sempre più ridotte. Per tale ragione, i segni dell'azione di selezione delle vittime da perseguitare non indicano una condanna delle differenze in seno al sistema, ma la differenza fuori del sistema. L'infermità fisica ad esempio sconvolge attorno a sé le differenze, che diventano mostruose, precipitano, si comprimono, si mescolano e, al limite, minacciano di abolirsi. La differenza fuori del sistema è terrificante perché fa intravedere la verità del sistema, la sua relatività, la sua fragilità, la sua mortalità. Nel medioevo, rammenta a tale proposito lo storico Jacques Le Goff, si aveva verso il lebbroso un atteggiamento contraddittorio: lo si tiene distante dal borgo, ma non tanto distante da non poterlo controllare. Egli è differente, è infermo di un'infermità immonda, non può stare a contatto con i puri; e tuttavia la sua differenza serve a cementare la saldezza della società. La crisi, il dramma sociale insorgerebbero soltanto se le differenze tra l'immondo e il puro venissero meno, se la categoria delle vittime diventasse predisposta a quei crimini che distruggono le differenze: ad essa si rimprovererebbe di non differenziarsi in modo opportuno, al limite di non differenziarsi affatto. Si pensi al bisogno, identitario, nella Germania del terzo Reich, di contraddistinguere con la stella di David gli appartenenti al popolo ebraico. Ovunque, oltretutto, il vocabolario dei pregiudizi tribali e nazionali esprime l'odio non per la differenza, ma per la sua mancanza.

Nella loro ossessione delirante, i persecutori erano accecati dal fenomeno dell'indifferenziazione, contrariamente a quello che si ripete intorno a noi, non mai dalle differenze.

Quale avrebbe dovuto essere il dovere dell'intelligenza, di fronte a quella mattanza? Resistere? Non smarrire una visione critica del mondo. Quel dovere avrebbe dato senso, un significato leggibile alle persecuzioni. Gli uomini di pensiero e d'arte, invero, furono tentati ma anche terrorizzati dalla possibilità del martirio in nome di una testimonianza.

Il dovere dell'arte avrebbe potuto restituire il profondo significato rivelato nella crudezza dei fatti. Fornire una testimonianza interiore, se proprio non si fosse in grado di esprimerne una pubblica. Franz Kafka diceva che lo scrittore vede tra le rovine «altre e più cose»: egli è capace di «uscire d'un balzo dalle fila degli assassini, vedere quello che avviene veramente».

Uscire d'un balzo dalle file degli assassini: in troppi si acquattarono comodi e tremanti tra quelle confortanti celle di tortura; alcuni si iscrissero al partito dei torturatori, così, per non perdere contatto con la verità.

Allora, come nell'ultimo secolo violento. Nel quale, sopra ogni contabilità ragionieristica dei morti e dei *desaparecidos*, svetta la Shoa, come disse Nadine Gordimer: «Le statistiche dell'Olocausto sono un libro mastro del male».

Viene alla mente l'infastidito sguardo di Gustave Flaubert, maestro del romanzo dell'Ottocento, che osservava con disgusto il mondo, e ne descriveva al contempo la grandezza e le miserie, entusiasta di maneggiarne la materia greve e spesso putrida con lunghi strumenti teorici che gli permettevano di non contaminarsi. Di fronte alla marea montante del disgusto, tanto irruente da rendere non più sufficienti quei guanti di protezione, il francese scriveva al collega russo Ivan Turgheniev: «Ho sempre cercato di vivere in una torre d'avorio, ma una marea di merda sta premendo alle sue mura e minaccia di distruggerne le fondamenta».

Anche questa sarebbe stata tuttavia una forma di denuncia, un modo per non falsare l'evidenza di un delitto, tacitarne gli effetti, addomesticarne la portata, quella sì criminale: nulla, la coscienza civile, ammesso che di essa si possa discutere nelle lande depresse del Lario, s'era eclissata, cassata dalla comunità autoctona sulle sponde del lago.

L'alternativa al rischio di denunziare persecuzioni e roghi avrebbe potuto essere quella di annullare la persona. Il che, soprattutto negli ultimi decenni del nostro tempo, sembra essere stata la principale vocazione di un intero corpo sociale. Di contro agli uomini e alle donne che si incontravano e dialogavano liberamente lungo le piste carovaniere, sostituire ad essi la figura dell'uomo e della donna *robot*, la nozione di uomo o di una donna assoluti, assunti come indifferenziati, "culturalmente indifferenti" per incomprensione reciproca, per riduzione dell'uno all'altro o per relativismo della buona coscienza. E della banalità.

Così nascono gli esseri senza spessore, ma con tanta iracondia, senza pietà e ricchi di perfidia, normalizzati ma terrorizzati dalla legalità, frutto di un lungo lavoro di purificazione e di disciplinamento del sociale. Il mostruoso, lungi dall'essere il singolo individuo accusato di rovinare la società, si è andato concentrando nel mondo dei puri, in verità; chi gridava all'eretico, era mostruoso egli stesso; chi alimentava i fuochi avrebbe dovuto per primo o per prima chiedere venia per le proprie atrocità.

Un desiderio di persecuzione alitava sul perfetto lago di Como, mirabile specchio di un'Italia in affanno; pertanto, in una fase cruciale nella quale la comoda culla del tradizionale iniziò a incrinarsi, scoccati gli anni Ottanta dello scorso secolo, la situazione era matura per l'accensione di nuovi roghi espiatori, per rilanciare la purificante caccia all'eretico.

Non la critica, la deliziosa modalità del pensiero che pensa, neppure la cristiana pietà sarebbero bastate per impedire l'ennesima persecuzione, apparecchiata in un nuovo *processus inquisitionis*.

Capitolo III
"Diffamate, diffamate, qualcosa resterà..."

Perché processo vi fu, anche se non venne condotto tra i banchi di un'aula del tribunale. Fu il processo della società contro la donna, aperto con durezza dal quotidiano locale di provenienza ecclesiale: «l'Ordine», oggi non più pubblicato, forse anche a causa dell'epilogo di quella vicenda.

Il quattro giugno del 1983 il giornale cattolico dà fiato alle trombe del giudizio: una donna ha ferito la convivenza civile: «In una pausa dei lavori [del comitato di gestione della Unità sanitaria locale] il presidente Spallino si è incontrato velocemente con i giornalisti dando comunicazione ufficiale alla stampa dell'accaduto e fornendo alcuni dettagli sulle modalità dei decessi e sui primi provvedimenti presi. La riunione del comitato di gestione è poi proseguita in un clima di tensione e preoccupazione». Il caso, lo scandalo sono tutti qui, in breve, segnalati nell'opera riassuntiva del giornalista. Sembrerebbe quasi che nella città di Como i cronisti bivacchino fuori dalle stanze nelle quali si riunisce il comitato di gestione di una delle tante unità sanitarie, come non accade neppure di fronte al palazzo del governo nazionale prima di una crisi politica. Essi attendono notizie fresche da pubblicare il giorno successivo, proprio dal presidente dell'ente sanitario? E poi, cosa comunica costui? I primi provvedimenti presi per arginare qualche grave evento, viene da pensare. Nella studiata prosa dell'articolista, già s'intravvede la trasversalità tra politico e giornalista: avvisato dell'imminente *scoop*, il cronista se ne parte per raccogliere il verbo. Un verbo fin troppo caro, in questa occasione, per la vittima di turno.

Da qui, prende l'avvio il caso dell'anno. Come un boccone prelibato, l'evento mediale del 1983 si avvia a rapidi passi per essere ben consumato, data la sua imminente attualità (anche elettorale).

Michele Brambilla ne è uno dei protagonisti, compone il collegio dell'accusa:

«Un grave, gravissimo episodio si è dunque verificato nel più importante ospedale della nostra città – quel "dunque" ha la forza comunicativa di un intera requisitoria argomentata e solida come una casa –. Ma va detto, prima ancora di entrare nei dettagli della cronaca, che la cittadinanza non deve sentirsi in pericolo. Non vanno diffusi deprecabili allarmismi: è vero che qualcuno ha ucciso al Sant'Anna, ma è altrettanto vero che ora l'ospedale offre le più complete garanzie ai ricoverati. Dopo le "morti provocate" di quei giorni dello scorso inverno infatti la direzione sanitaria ha intensificato nel migliore dei modi i controlli al reparto rianimazione e non sono più accaduti episodi simili».

Giornalismo o inquisizione? Non si preoccupa il cronista di rammentare: attenzione, non urliamo al lupo, attendiamo che un'inchiesta giudiziaria sia, oltre che avviata, conclusa, prima di trarre le estreme conseguenze... «È vero, qualcuno ha ucciso al Sant'Anna» è la risposta alla necessità di ponderazione della notizia. E c'è di più, viene detto che ora tutto ciò non accadrà più: la direzione sanitaria ha preso delle precauzioni, ma quali?

Se notizia intendeva creare panico tra la cittadinanza, mai quanto questa avrebbe potuto riuscirvi.

«I sospetti diventano più fitti quando vengono trovate, in un cestino del reparto, nove fiale di Ritmos Elle, farmaco che, a quanto risulta, non era stato somministrato ad alcuno dei ricoverati in quei giorni... Resta un angosciante interrogativo: chi è l'autore di questa macabra rappresaglia nei confronti di gente che si stava tentando con tutti i mezzi di tenere in vita? È chiaro che l'ipotesi principale e più logica prevede che l'assassino sia un dipendente dell'ospedale. Una persona che ha agito (persona, non uomo. *N.d.A.*) per un suo personale convincimento, in base al quale bisogna sopprimere i deboli, coloro che sono ritenuti "improduttivi". Ma ha agito da solo, oppure fa parte di una vasta organizzazione segreta che vanta "corrispondenti" in molti ospedali?

Le indagini della magistratura sono tese a individuare nel più breve tempo possibile questo fiero esponente della dottrina dei campi di concentramento».

Solo quasi in conclusione della requisitoria, un accenno alla magistratura: ma non si curi troppo, al di là dell'evidenza; che si tratti di un omicidio è ormai certo, piuttosto trovino i giudici chi sia l'assassino. Si chiude con un finale in crescendo : «I pazienti attualmente ricoverati non corrono alcun rischio. L'ignoto fautore dell'eutanasia invece rischia l'imputazione di omicidio plurimo volontario e premeditato. E quindi l'ergastolo». La perfezione ricercata dall'indagatore si spinge anche nell'indicazione della pena; ma si tratta di pena accessoria, il solo ergastolo non basterebbe: prima di essa pena la vittima sarà comunque dilaniata nel più tradizionale auto da fè.

Non sarebbe stata sufficiente, tuttavia, la semplice requisitoria a mezzo stampa. Persona più degna e prossima alla verità venne deputata in quell'infausto quattro giugno a trarre le debite conclusioni provvisorie sul caso: Egidio Maggioni, che confessa con amarezza la superiorità e la sofferenza di chi sapeva ma dovette tacere. «La speranza ci ha spinto per mesi a tacere la·notizia che oggi leggete su questa prima pagina... È difficile ora, narrando di questi fatti, tranquillizzare chi ci legge, è difficile ma è d'obbligo farlo». Il bersaglio dell'accusa di Maggioni, responsabile del foglio quotidiano, è la cultura che ha generato tale crimine e tale autore, «vittima di quella criminale ideologia che vuole l'uomo arbitro della vita e della morte...» Brucia ancora, sulla pelle di Maggioni e della sua scuola di pensiero, la scottante sconfitta subita l'anno prima nell'occasione del referendum sull'aborto. È a questa cultura che il riferimento è portato. Ogni occasione di proporre spunti polemici ma "edificanti" contro la scelta degli italiani è propizia. Lo è anche il fatto delle morti al Sant'Anna. E perché non dovrebbe esserlo?

Straordinario il caso che si propone ai nuovi inquisitori: morti sospette, una pozione magica dal nome dell'unguento medicinale, infida e pericolosa, Ritmos Elle, un disegno nefasto di colpire i cari parenti malati, un processo di natura pubblica che dovrà soprattutto tranquillizzare la società; le componenti sono tutte presenti. Manca solamente un untore, una figura destinata a sostenere il ruolo della scientifica disseminatrice di morte. Una donna sarebbe stata pronta, nel disegno inconscio di un intero sistema culturale, per raccogliere tale incarico.

L'alba successiva, la città si risveglia frastornata. La prima ricerca di ciascuno ha la natura della verità e del rancore. «Como chiede perché» titola «l'Ordine», foglio inquisitore. E nel catenaccio, proprio sotto il titolo: «Il racconto dell'infermiera colpita da comunicazione giudiziaria». Come un lampo veloce, non resta neppure tempo di pensare, leggere, meditare. Sai subito che un colpevole c'è: l'infermiera "colpita" da una comunicazione giudiziaria, senz'altro aggiungere, neppure che ancora esiste il sospetto che di morti procurate si tratti. Ma in tali particolari non si può soffermare chi marcia risoluto verso la verità. Soltanto nel testo dell'articolo, la frase di rito: «Va detto che la ragazza non è imputata di nessun reato e che finora è stata sentita dal procuratore solo in veste di testimone». Ma se non imputata, perché ella è "colpita" dalla comunicazione giudiziaria? I misteri, veri o fittizi, del caso non si fermerebbero tuttavia a questo piccolo punto.

Chi è la strega? Non potrà essere una folle, una esagitata: non servirebbe, tutto tornerebbe nel caso delle umane follie, deprecabili ma tuttavia rassicuranti, perché ciò che è follia è altro e quindi diverso dalla nostra confortante normalità. La follia solidifica la salute dei normali: «Elisabetta Scacchi è una ragazza di temperamento e professionalmente molto capace. È considerata una delle migliori infermiere dell'ospedale comasco. È alta 1,65 circa, ha i capelli corti castani, gli occhi scuri, veste spesso con jeans e maglietta e guida una grossa motocicletta, di 350 cc.

Ha lavorato al reparto rianimazione per quattro anni. Poi, dal 31 gennaio, è passata al poliambulatorio, sempre al Sant'Anna: un trasferimento imposto, dice qualcuno, un trasferimento richiesto dall'interessata, sostiene lei».

Nega di essere femminista, intervistata si dice «comunista, iscritta al partito, che rappresento anche nell'assemblea della

USSL di Olgiate Comasco. Le altre storie sulle mie idee sono chiacchiere... Quanto a me, non mi interessa se qualcuno non capisce esattamente la mia posizione, mi spiace solo per i miei genitori».

Lo sgomento prende tutti. Chi non attende altro che una femmina, rossa, emancipata, giovane e motorizzata da mandare al rogo; chi sente tale vicenda come un segnale della impossibile integrazione nella società, e subisce nella colpa della Scacchi una propria mancanza, la propria incomunicabile diversità.

A concludere, moralista e insidioso, un esponente dell'Ospedale che insiste sui dubbi, le allusioni, gli ammiccamenti al dolore dell'uomo normale, che forse altro non attende che poter proiettare su altri la propria sofferenza: «Ma quello che più mi preoccupa sono le persone che hanno avuto dei congiunti deceduti prima del 30 novembre. In loro resterà sempre il dubbio che la morte non sia stata naturale...».

Ed ecco gli esecutori politici, di quella parrocchia o dell'altra, avventarsi sul corpo della notizia del momento. Giorgio Tavecchio è un democristiano locale: «la Democrazia Cristiana si sente di esprimere una dura condanna. Sono la dimostrazione del non rispetto per la vita umana, della non salvaguardia della persona che il nostro partito ha sempre condannato».

«L'Ordine» torna alla carica, contro l'altro giornale cittadino, «La Provincia», che si è dimostrato perplesso circa la furia inquisitoria del diretto concorrente: «Coloro che avevano cercato di minimizzare la vicenda del Sant'Anna affermando che le morti ... potevano essere causate da errori nella terapia, sono stati ieri seccamente smentiti.... Il Procuratore ... ha dichiarato che il reato è quello di omicidio volontario plurimo». È il sette giugno.

La rapidità del procedere è stupefacente. Su tali parole, il giornale cattolico titola con caratteri di cubo: «Non ci sono più dubbi, si tratta di omicidi».

La regia prevede ora la disseminazione di prove e indizi; eccoli velocemente raccontati da inquirenti e testimoni: «Potrebbe in teoria essere anche un pazzo colui che ha ucciso. Un folle che uccide senza motivo, indiscriminatamente».

«Si ipotizza persino che l'uccisore abbia agito su ordine di qualcuno, con lo scopo di riproporre in modo drammatico il problema-eutanasia per agevolarne una discussione a livello nazionale... non è neppure una ipotesi da scartare».

«L'infermiera caposala avrebbe visto la Scacchi gettare nel cestone adibito alla raccolta dei rifiuti uno dei piccoli contenitori che vengono messi di fianco al letto di ogni malato per la raccolta delle scatole dei medicinali usati».

Colpevoli del solo fatto d'esistere, in questi giorni i comunisti sono come feriti e disorientati per la natura irrazionale del reato. Inconsapevolmente, la loro cultura non liberale li danneggia e non sanno impostare una opposizione legalitaria all'atto consumato dal presidente dell'USSL. Ma l'evidenza, va detto a loro discolpa, è del tutto a loro contraria. Il giornale inquirente così scrive, entusiasticamente, il dodici giugno: «Ieri sera all'assemblea dell'Ussl di Como, i comunisti sono rimasti soli, gli unici che hanno continuato a contestare, senza esclusione di colpi, l'operato del presidente dell'Ente, di Angelo Spallino».

Era l'anno del *Decidi Dc* e dell'*Ottimismo della volontà* di craxiana memoria. Le elezioni si avvicinavano e occorreva battere un chiodo giusto, finché utile.

A ridosso del ventisei giugno, il caso torna alle prime pagine del giornale inquisitore. E viene agevolmente politicizzato. Nella prima pagina in cui si dà notizia della macabra riesumazione delle bare di alcuni morti al reparto di rianimazione del Sant'Anna, corredata di foto non meno spettrali, l'informazione che di altro medicinale si tratterebbe, il Ritmos 50 e non Ritmos Elle come detto nei giorni precedenti, non desta alcun dubbio, nessun sospetto che l'intera vicenda possa rivelarsi un abbaglio.

Il ventisei giugno, Egidio Maggioni nell'editoriale sentenzia sulle contestuali elezioni politiche: «È necessario che la Democrazia cristiana tenga, meglio ancora se crescerà».

La DC avrebbe ottenuto una pesante sconfitta: il 6% di voti in meno, che non impensierì il direttore: «E così si riparte da quei numeri, da quella percentuale che era stata dello schieramento cattolico dopo il referendum sull'aborto».

Ma «è disperato il quadro che abbiamo saputo trarre dalle

urne – sentenzia il successivo primo di luglio «l'Ordine» – da quelle urne alle quali, fra molto, potremmo ancora essere chiamati».

Il percorso che porta all'orrore si alimenta di ingenue raffigurazioni, che a rifletterci sembrano a volte pittoresche, e il giornale della diocesi di Como non lesinava allora di tali perfezioni. Conferma, anzitutto, l'otto settembre 1983, che nei corpi dei cadaveri riesumati sono state trovate tracce di Ritmos, il micidiale veleno, e non solo: i casi sospetti salgono addirittura a sei. «Non c'è ancora una conferma ufficiale – scrive Michele Brambilla – anche perché il procuratore di Como è assente dalla città e non ci è stato possibile rintracciarlo per chiedere l'ufficializzazione della notizia, la quale proviene comunque da fonte autorevolissima…» L'allusione alla frequentazione delle fonti autorevoli, anziché impensierire, confermava la validità di quel *processus informationis*: «Questa non è una vicenda di inefficienza o malafede da parte della struttura ospedaliera – continuava il giornalista –: è viceversa un "giallo" con un assassino con un nome e scopi ancora misteriosi».

L'altra voce è silente. Il quotidiano di cultura laica è frastornato: la campagna di massa, di propaganda diffusa lo danneggia, quantomeno nelle vendite. Ecco perché già da qualche settimana inizia a dare segni di cedimento: il garantismo costa, come sanno i molti ad esso interessati. «Sull'episodio pare ormai non vi siano dubbi – aveva scritto il quotidiano «La Provincia» il dodici giugno –.

Ma, evidentemente, se solo si vuole attendere una verità… occorre avere pazienza». E alcuni mesi più tardi, mentre «l'Ordine» insisteva con una pressione informativa impressionante, così chiosava il concorrente, anche per fronteggiare un chiaro "buco" preso dal quotidiano diocesano: «Anticipando la risposta dei periti la stampa [ha dato una notizia, e noi no]. Non fa niente, se non c'è ancora il risultato delle perizie… Gesù, fate luce».

Risultanze attese. A lungo attese. Più volte i periti nominati dal tribunale rinviano la consegna delle proprie analisi. Quattro patologi, scrive Luigi Rosa su «l'Ordine» del ventuno ottobre, che «dovranno dare risposta sulla "naturalità" o meno delle morti». E se tali risultati stentavano a giungere, nessuno si chiese, per la seconda volta, se non vi fosse un difetto d'impostazione nell'insieme di quell'inchiesta, tanto di quella ufficiale avviata dal procuratore della Repubblica, quanto di quella ancor più rumorosa svolta sulle pagine dei giornali.

Se la sorgente delle informazioni ufficiali si inaridiva dalle parti della procura, pensò la politica ad alimentare il corso delle notizie: prima ancora che venisse ufficializzata la notizia del reato, prima ancora che venisse definito un imputato, o più imputati, prima della conclusione del lavoro dei periti, l'USSL pose al proprio ordine del giorno la costituzione di parte civile. Alessandro Sallusti è perentorio: «La scelta dell'USSL è coraggiosa e importante: coraggiosa dal punto di vista politico perché toglie l'argomento dal cassetto in cui era finito; importante perché può essere interpretata a sostegno della tesi che in effetti nella "rianimazione" del Sant'Anna sia successo qualche cosa di anomalo». Quasi a dire, non possiamo definire irresponsabile tale decisione, e allora diciamo che i politici locali cercano di ridare spinta a un'inchiesta che langue. Con buona pace della verità. L'empasse non viene taciuta, al contrario, da «La Provincia», il ventuno ottobre: «Morti al Sant'Anna: la verità tarda ancora. Evidenti, a questo punto, le difficoltà incontrate nel giungere alla conclusione».

Ma la fase preliminare dell'inchiesta non tardava a concludersi, a detta dei giornali, e di essa veniva data notizia con soddisfazione: «In cinque dei sei cadaveri riesumati è stata trovata una dose rilevante di Ritmos 50. Un paziente sicuramente ucciso dal farmaco... Ora la magistratura deve andare alla ricerca del responsabile». L'intera prima dell'«Ordine» del diciassette novembre è occupata dalle "morti sospette". Solo nel mezzo taglio si ricorda, sommessamente, che il Parlamento italiano ha votato, il giorno prima, per l'installazione dei missili nucleari Cruise sul suolo italiano, a Comiso: grandezze e miserie del giornalismo di provincia. Una provincia che apparirebbe ancora dilaniata nelle divisioni guareschiane tra un don camillo e un peppone, in cui ogni evento deve essere rapportato in una torsione ideologica, allo scontro tra fedi, alla guerra civile europea. E infatti due articoli

dell'«Ordine» si impegnano alla conferma di questa mediocre dimensione di confine, e il primo è di Alessandro Sallusti,
un giovane di buone speranze che già abbiamo incontrato nel
cimento con l'opera di fare chiarezza sul caso. Egli si occupa
dell'appartenenza della Scacchi al partito comunista italiano.
Secondo tale articolo, lo stesso PCI si sarebbe spaccato in due,
a seguito del caso giudiziario. L'evidente intento è di recare
infamia, e ansia, al partito dei rossi, dei diversi, degli anti
sistema. Il secondo articolo, non meno incisivo, è di Laura
d'Incalci, una triste intervista alla moglie dell'"assassinato"
Pietro Tettamanti, una donna sofferente, di chiara fede catto-
lica, dal titolo inequivoco: «Mio marito assassinato? Un dubbio mi tormenta».

«L'Ordine» chiama, il partito comunista risponde, secondo
uno sperimentato meccanismo pavloviano, del quale i giornalisti locali dovettero aver provato più e più volte il funzio-
namento. Gianstefano Buzzi era un dirigente del partito,
sedeva nel consiglio dell'USSL, e si sentiva direttamente
chiamato in causa. Il diciotto novembre sollecita, ingenua-
mente, la ricerca urgente della verità. Definisce il caso inquietante e drammatico. E si merita, da imprudente e affrettato
interlocutore, la risposta piccata del direttore dell'«Ordine»:
«Al di là delle inesattezze storiche l'Unità, davanti a un omicidio e a quattro possibili omicidi, arriva a scrivere: "Ma allora perché tanto chiasso?" Penso che non ci sia bisogno di
essere cattolici per condannare una simile affermazione che
getta nel ridicolo e minimizza una vicenda che Lei stesso
definisce inquietante e drammatica». Non solo, all'interno
Michele Brambilla aggrava la situazione: «Il piano dell'assassino è fallito quando il 16 dicembre del 1982 l'infermiera
caposala ha trovato nel cestone dei rifiuti del reparto nove
fiale vuote di Ritmos».

Nessun dubbio ormai tra le pagine diocesane. La verità è
in esse, arma le coscienze e difende gli animi da ogni ostilità.
Perché dubitare?

Qualche incertezza, invece, permaneva, nonostante la definizione della perizia dei quattro patologi, tanto che il quotidiano concorrente non abbandonò la linea della prudenza:
«Morti al Sant'Anna, 4 perizie non risolvono tutti i dubbi»,

titolava «La Provincia» il diciassette novembre. E a pagina quattro Pierluigi Comerio si interrogava: «E se si trattasse di un tragico errore?» Addirittura, il giorno successivo, il giornale laico ebbe il coraggio di fare sentire la voce dei difensori di Elisabetta Scacchi, una voce flebile, appena percettibile nella univoca pressione dell'opinione pubblica di allora: «I difensori della giovane hanno giudicato positivamente le perizie». L'avvocato difensore Felice Sarda poteva così dichiarare: «La perizia è irrilevante e ininfluente... enuncia chiari elementi di carattere positivo della stessa». Significa poco, ma rappresenta una linea di difesa attiva, come a dire: non cediamo, siamo innocenti.

Il processo avvenuto sulle pagine dei giornali, il processo vero e proprio, l'unico effettivamente svoltosi contro Elisabetta Scacchi, era ormai all'epilogo. Esso si concluse laddove in effetti avrebbe dovuto iniziare. Sarebbe stato ininfluente quanto avvenuto nel processo penale vero e proprio. La società comasca richiedeva una colpevole, e questa colpevole l'azione combinata di politica, procuratore, giornalisti aveva in sostanza procurato.

La sentenza venne pronunciata il 15 dicembre, due giorni dopo veniva pubblicata sull'«Ordine»: «In carcere è finita Elisabetta Scacchi... il PCI l'ha sospesa dal partito». «I carabinieri sono andati a cercare Elisabetta Scacchi all'Ospedale Sant'Anna ma non l'hanno trovata. L'infermiera era a casa, in malattia da poco meno di un mese, soffre di crisi depressive e stati ansiosi». Occorreva fornire agli sbigottiti lettori assicurazioni e conferma della veridicità di questo evento. E così, ecco spiegata la ragione dell'accusa: «Iniettando dosi elevate in persone già in gravi condizioni, non si può che accelerare il decesso. Inoltre l'ajmalina è una sostanza rapidamente metabolizzata e, poiché nei corpi è stata trovata, significa che la somministrazione era avvenuta poco prima della morte». Per di più, venivano segnalati come elementi probanti le circostanze che Elisabetta Scacchi fosse presente nei casi di quelle morti per cui si indagava o che ella avesse annunciato la crisi cardiaca di una paziente «prima ancora che la crisi stessa si verificasse», e invece altro non erano che coincidenze, o errate interpretazioni di un fatto fornite a posteriori. E tuttavia, per dovere d'ufficio, come si sa, quella fastidiosa formalità che va sotto il nome di garantismo e presunzione d'innocenza, i giornalisti dovettero scrivere: «Tutti questi elementi che abbiamo riportato sono indizi e non prove. Insomma, in base a queste considerazioni Elisabetta Scacchi è stata arrestata, ma nessuno può considerarla colpevole». Era, quel quindici dicembre, l'ultimo giorno consentito al pubblico ministero per prendere un provvedimento di cattura, a un anno esatto dall'apertura delle indagini. L'avvocato difensore riuscì a dichiararlo, sullo stesso giornale «l'Ordine». Il quale nel numero medesimo riportava con l'articolo di Maria Castelli, altra giornalista destinata a una radiosa carriera, le notizie provenienti dalla parte politica. Nella seduta dell'assemblea dell'USSL, «la maggior parte dei consiglieri è arrivata senza sapere la notizia del giorno, l'arresto di Elisabetta Scacchi. Come definire le reazioni?» Il che fa pensare alla giornalista intenta a informare i consiglieri smarriti, e a scrutarne, da perfetta entomologa della politica locale, ogni reazione e commento. Come reagiscono dunque i consiglieri? «Un sentimento di sollievo, quasi fosse la fine di un incubo. Il termine di un dramma e l'emergere, ancora, della domanda ormai già nota: perché?». Nell'incongrua e allucinata descrizione della Castelli, almeno un elemento nuovo però emerge: qualcuno alla fine suggerisce il vero punto di svolta di questo processo, il suo movente. Che mancava, per l'appunto. Ma in quella domanda posta dalla giornalista era insita, più che un dubbio, una certezza, e quindi non fu letta come un contributo alla verità, ma come un tassello della sentenza di condanna della colpevole nel processo avvenuto sulla carta dei quotidiani.

Anche la politica segna il suo spazio nell'epilogo di tale vicenda: «L'opinione pubblica vuole un segnale» dal presidente dell'USSL, Angelo Spallino, scrive «l'Ordine». «I comunisti se ne vanno» dall'assemblea, al che il presidente interpreta tale segnale per come andava interpretato, un atto di debolezza. Parla di «sentimenti di angoscia e di pietà per quanti siano stati vittima di atti che al di là delle attribuzioni evidenziano tutta la loro desolante rilevanza». Si trattava di una dichiarazione ambigua, vagamente inquietante.

Un segnale di guerra contro i suoi nemici storici, quelli che stanno con i comunisti, le femministe, la cultura laica. Elisabetta Scacchi era in prigione. Abbandonata dal suo partito. Priva di chi ne prendesse le difese, che non fossero gli avvocati da lei nominati, forse qualche amica, i propri parenti. E infatti, nel perfetto disegno di infierire sull'infermiera "assassina", «l'Ordine» del diciotto dicembre provvede a crearle il vuoto intorno, a isolarla agli occhi del mondo: «In ospedale soltanto commenti "a mezza voce" anche se è inutile nascondere che fra i colleghi di Elisabetta Scacchi la notizia del suo arresto non ha suscitato molta sorpresa. Da tempo si sa che molti, fra infermieri e medici, sono convinti della colpevolezza di Elisabetta Scacchi... Ben pochi sono pronti a mettere le mani sul fuoco per la sua "innocenza"».

Neppure chi avrebbe dovuto praticare sopra gli altri un apostolato caritatevole, si sottrasse alla platea pubblica. Il venti dicembre, appare sulla prima pagina dell'«Ordine» la foto del presidente dell'USSL con il vescovo di Como, Teresio Ferraroni, che nella cappella dell'ospedale Sant'Anna celebra una messa natalizia. Avrebbe potuto sottrarvisi? E ciò accadde nonostante la fama di persona perbene che ebbe a dimostrare il "vescovo del '68", come sarebbe stato chiamato di lì a poco il presule, per le sue riconosciute tolleranza e apertura mentale. Egli venne così trascinato nella vicenda, come sembra, quasi inconsapevole, e così appare tantopiù alla lettura del giornale, che riporta le sue parole: «La vita è dono e ricchezza di Dio, non riconoscerlo è andare contro alla mentalità di Dio. Ma una cultura della morte che si diffonde, ha tentato e tenta di impedirla o di toglierla... Siamo meravigliati e stupiti da avvenimenti indesiderati che gettano ombre, timore e paura sull'istituzione. Preghiamo il Signore perché le istituzioni tornino ad essere "difensori" della vita».

L'atto conclusivo era posto. Il cerchio si chiudeva. Gli animi potevano ricomporsi. Nessuna opposizione si elevò a correggere quella sentenza. Né politica né morale. La vittoria era piena.

Se non che l'intelligenza ancora alimentava qualche dubbio. Una speranza restava all'infermiera rinchiusa in prigione. Il giornale laico «La Provincia» aveva sì dato la notizia dell'arresto di Elisabetta Scacchi, ma si era chiesto nel titolo: «Qual è il movente?» E il successivo diciotto dicembre riproponeva il dubbio: «Cinque delitti, nessun movente», pubblicando una dichiarazione di Elisabetta Scacchi, ancora battagliera: «Io dico che sono tranquilla... Ancora una volta non si è persa l'occasione per aprire una caccia alle streghe, e meglio se la "strega" ha precisi connotati politici e ideologici. Perché escludere a tutti i costi la possibilità di un errore?».

Dalla prigione, quella domanda interrogava chiunque, anche coloro che più di tutti si erano impegnati nell'azione inquisitoria, tanto all'interno che all'esterno del tribunale. Essa pesa ancora su di loro, o almeno su coloro che hanno ancora la possibilità di riproporsela.

Capitolo IV
Gli strani comportamenti

«Elisabetta Scacchi, nata a Ronago il 17 settembre 1957, arrestata il 16 dicembre 1983...»: la burocrazia così cataloga il procedimento giudiziario, numero 154 del 1983, intitolato all'infermiera professionale dell'ospedale Sant'Anna di Como. E questo divenne la giovane, per molti, se non per tutti, un numero, un processo mai svolto, non altro.

Quella sera del sedici dicembre, quando Elisabetta Scacchi fu arrestata, il gelo scese nella sua vita: un legame affettuoso con una terra, la sua, le conoscenze, il suo partito politico, i profili del suo paesaggio; ogni cosa si cancellava nella rete degli affetti della giovane donna. Fu una notte difficile per lei. Lo fu per i suoi genitori, la sua famiglia, le sue amiche.

Sembrava l'epilogo definitivo di una persecuzione ricercata, a dire dell'imputata; una liberazione secondo l'impressione di molti suoi concittadini, sordi a ogni pur flebile segnale di attenzione e di dubbio. Invece, per quanto contraddittorio con ciò che si possa pensare, quell'arresto segnò la conclusione del linciaggio morale, la condizione di una difesa possibile, l'inizio di una liberazione dal pregiudizio, dalla menzogna, dall'errore.

A quella decisione del pubblico ministero si giungeva sulla base di una lunghissima opera di indagine, durata un anno intero, con l'ausilio di forze di polizia giudiziaria, consulenze, perizie farmacologiche, riesumazioni, contenziosi tra studi di patologia medica.

Il risultato di tanto indagare, a futura memoria, giace presso il Tribunale di Como, racchiuso in otto faldoni di atti, migliaia di pagine con cartelle cliniche, verbali di interrogatori, istanze difensive e corrispondenza degli uffici giudiziari.

Tutto aveva avuto inizio il diciassette dicembre 1982, con la *notitia criminis* attivata da referto medico. «Da direzione sanitaria Sant'Anna a Procuratore della Repubblica di Como – riporta il foglio di carta intestata dell'ospedale –. Oggetto: presunto uso anomalo di farmaci. Da direttore sanitario prof. Dott. G. Gianattasio». Recita quella lettera che accende l'evento: «I medici [...] hanno segnalato di un fatto anomalo che si verificherebbe nell'ambito del reparto di terapia intensiva... riferito all'utilizzo di farmaci e si riferirebbe alla circostanza che nel pomeriggio di ieri, dopo le ore 15,30, la capo sala Gabrielli Gloria rinveniva nel sacchetto porta rifiuti della Unità di cura coronaria, da poco tempo depositato nel contenitore centrale di piano ubicato in apposito locale, dalla infermiera professionale di turno Scacchi E., 9 fiale vuote di Ritmos, che nessuno dei medici aveva prescritto ai ricoverati».

Nella lettera si fa riferimento ai pazienti Eugenia Orsenigo, deceduta il giorno sedici dicembre alle ore 19 e 30, e Pietro Tettamanti, dimesso su richiesta dei parenti in stato preagonico lo stesso giorno alle ore 16,00.

A tale lettera sono allegate le comunicazioni ufficiali dei dottori Bassi (aiuto dirigente di cardiologia) e Bonini (assistente di cardiologia).

La lettera del direttore sanitario attiva l'ingranaggio giudiziario. Con la fraseologia che contraddistingue nel lessico italico l'anima dell'inquisizione, ad essa segue un fonogramma. Trasmette Torri, riceve Zerbi alle ore 12,00 del giorno successivo dall'Ospedale Sant'Anna: «comunicare che il giorno 16/12/82 è deceduta presso questo ospedale Orsenigo Eugenia già ricoverata in geriatria per cause in corso di accertamento. Salma trovasi presso questo obitorio at disposizione autorità giudiziaria. Da posto polizia a Procura Repubblica di Como». Il gioco è avviato. Un anno di lavoro di approfondimento e studio sembra predisposto al solo scopo di costruire attorno alle due smilze comunicazioni tra sanitari e procura e tra poliziotti e inquirenti un ampio cuscino di conferme, allusioni, testimonianze e dati inoppugnabili che confermino il linguaggio sciatto e vergognoso dell'ordine, lo rendano certezza e virtù. Sarebbe bastata una solida preparazione semantica, più che centinaia di analisi chimiche e istologiche, per scoprire l'insincera versione. Non si volle percorrere la via critica, meglio affidarsi alla farmacologia.

Il diciotto dicembre il procuratore della Repubblica di Como, Mario Del Franco, nomina due periti patologi, Quintino Lunetta ed Emilio Marazzi, per verificare l'evidenza dell'avvelenamento. Da parte sua, per un doveroso scrupolo e per ragioni d'ufficio, anche la direzione sanitaria svolge un'inchiesta, i cui risultati invia alla procura. In essi si accenna a un «presunto uso improprio di farmaci».

La direzione sanitaria inoltre si prova in opera di indagine ancor più ligia e puntuale, la ricostruzione di tutti i movimenti e gli interventi della caposala, Gloria Gabrielli: «chiamata in casa dal dott. W. Bonini – avvisata quasi contemporaneamente dal professor Matteucci di fare al suo arrivo in unità di cura coronaria un controllo sui medicinali ed in particolare sull'adrenalina – entrando in rianimazione ha incrociato la Scacchi intorno alle 17,30 con un cestino per i rifiuti della unità di cura coronaria presumibilmente per rimpiazzare il sacchetto pieno di materiale asportato poco prima e depositato nello stanzino apposito della rianimazione – è andata subito in tale stanzino e ha controllato il materiale sanitario contenuto nel sacchetto dei rifiuti della unità di cura coronaria ivi trasportato dalla Scacchi Elisabetta».

Dunque i dubbi sono ormai chiariti tra le sale dell'ospedale Sant'Anna. Forse, non occorrerebbe neppure un'indagine con tutti quei fastidiosi elementi di garanzia per un presunto colpevole. Prova evidente sia il fatto che tra i sanitari si insinua il dubbio di un erroneo uso di adrenalina, in un primo tempo. Solo in seguito, ci si orienterà su altra sostanza venefica, la ancor più esotica ajmalina, principio attivo del Ritmos.

Lo stesso dottor Bonini precisa nella relazione della direzione sanitaria circa le terapie del sedici dicembre 1982. Tanto al degente Tettamanti in rianimazione, quanto alla degente Orsenigo non risultano prescrizioni della ajmalina, nella composizione farmaceutica del Ritmos.

Prende così avvio l'iter delle deposizioni, verbali di istruzione sommaria come amano definirli tra i corridoi del palazzo.

Inizia il quattordici gennaio 1983 la caposala, la grande accusatrice Gloria Gabrielli.

«Avevo appurato da un infermiere, Noseda Giuseppe, che, da qualche tempo, in reparto unità di cura coronaria si verificavano fatti strani. ... Il predetto mi fece constatare che si erano verificati alcuni decessi nelle ore durante le quali prestava servizio l'infermiera Scacchi E. Anche un altro infermiere, Azzi Adriano, nel turno immediatamente successivo, mi fece la stessa osservazione. (Azzi: - perché certi decessi si verificano quando è in servizio la Scacchi?) ...» Nell'interrogatorio la caposala tradisce dell'ansia, e pronuncia la classica *excusatio non petita*, con un incedere sgangherato ma famigliare: «essendo io stata già messa in allarme...» a giustificare il fatto che ella si mosse senza ponderare altra possibile causa dei cosiddetti «fatti strani». Di Elisabetta Scacchi non nasconde un giudizio irritato: «Aveva sicuramente dimesso il suo solito atteggiamento di ragazza vivace e altezzosa».

La cura della cosa pubblica aspirava a un grande successo, e tuttavia non eluse una coscienziosa prassi di reperimento di dati, informazioni, tracce: nel giro di pochi giorni, ancor prima che dovesse spendere tempo e denaro in costosissime perizie medico patologiche, essa trovava a propria disposizione ampia documentazione che avrebbe permesso di chiarire quel caso. Il venticinque gennaio 1983, infatti, su richiesta della procura, la direzione sanitaria del Sant'Anna invia il quadro completo delle terapie su Orsenigo e Tettamanti. Da esso si scopre che il quindici dicembre, tra l'altro, erano state somministrate ai degenti tre fiale in flebo di Ritmos Elle, lo stesso accadde il sedici dicembre.

Il che non corrisponde alle dichiarazioni del dott. Bonini. Già allora tanto la procura della Repubblica quanto la direzione sanitaria dell'ospedale si erano orientate sull'ipotesi dell'avvelenamento e sulla convinzione che il farmaco incriminato fosse l'ajmalina. La relazione dei sanitari di poco più di un mese prima aveva accertato che non vi era stata alcuna somministrazione di Ritmos Elle ai due ricoverati in unità intensiva: ciò aveva reso sospetta la presenza delle fiale di quel medicinale nel cestino dell'unità di cura coronaria e complicato la condizione di sospettata dell'infermiera Elisabetta Scacchi. La contraddizione, a distanza di trentacinque giorni, non è di scarso valore. Getta una luce inquietante sul modo con cui, generalmente, le relazioni sanitarie fossero impostate in quel reparto. E tuttavia nessun dubbio sembra scuotere gli inquirenti del tempo.

Il ventisette gennaio 1983, quando Elisabetta Scacchi entrò nel piano alto della procura, quello in cui si affrontano i reati gravi, fu una giornata difficile per la donna sospettata di tanto delitto. Il procuratore non ebbe esitazioni nel domandare, con crudezza, sulle effettive azioni dell'infermiera.

«Escludo nel modo più assoluto di avere io somministrato ai pazienti dell'unità di cura coronaria il preparato Ritmos – recita il verbale con le voci di Elisabetta Scacchi –, preparato che si usa raramente in reparto e quando lo si fa la somministrazione avviene per prescrizione del sanitario e sotto strettissimo controllo del medico».

Dal tono delle risposte dell'indagata, risulta evidente come ella stesse preparandosi a un'accusa per colpa: l'avere ella agito per negligenza, avere sbagliato nel somministrare le terapie, qualcosa del genere insomma. Come ovvio, Elisabetta Scacchi non ricorda i dettagli della giornata. «Chiunque può avere depositate le fiale del predetto [medicinale] dopo di me... Il cestino viene svuotato tre volte al giorno».

Nove fiale sono tante, la incalza il pubblico ministero. Al che, con tono di esperta e professionale infermiera, ella risponde, senza esitazioni: «Una somministrazione così massiva nei confronti sia pure di due pazienti avrebbe comportato effetti letali a brevissima scadenza. Non ritengo che la presenza delle nove fiale in un unico sacchetto di rifiuti sia la risultante di somministrazioni avvenute nel reparto nel breve arco di tempo che intercorre tra uno svuotamento e l'altro della pattumiera».

Qualche giorno dopo, visitano l'ufficio del pubblico ministero altri colleghi di Elisabetta Scacchi. Il primo febbraio 1983 è la volta dapprima di Adriano Azzi, infermiere più

46

anziano dell'imputata di otto anni, che chiarisce il clima di sospetto maturato nel reparto, senza nascondere di essere tra coloro ad averlo alimentato: «il Noseda aggiunse che nei giorni precedenti secondo lui erano morte diverse persone improvvisamente». Cita tra l'altro il nome di un degente per la morte del quale egli non nasconde i propri sospetti. A seguire, viene il turno di Giuseppe Noseda, coetaneo di Azzi, che conferma, con le medesime modalità e la stessa inquietante e candida sincerità, la condizione interna al loro reparto rianimazione: «Effettivamente da qualche tempo io avevo notato che nel reparto accadevano fatti strani e cioè che improvvisamente morivano pazienti». Egli afferma di averne parlato con Azzi, che ricorda la notte in cui era di turno con Elisabetta Scacchi. «I decessi erano avvenuti nel settore nel quale la Scacchi prestava servizio mentre l'Azzi si trovava nell'altro settore». Anche nel caso di Noseda una cura del suo lessico e dell'intima logica del discorso risulterebbe disarmante. Egli infatti non ha alcun pudore ad affermare che «dopo due giorni da detto colloquio [con la caposala Gabrielli], si verificarono i fatti [e cioè le morti sospette] sicché la Gabrielli fu in grado di intervenire efficacemente».

La nozione di efficacia, in quel frangente, avrebbe potuto essere approfondita, quantomeno suggerendo la domanda rispetto a cosa l'intervento fosse stato efficace. Rispetto al verificarsi delle morti? Rispetto all'*incastrare* la presunta colpevole? Con chiara evidenza, nell'un caso o nell'altro il testimone intendesse la nozione di efficacia, l'intero castello accusatorio sarebbe mutato di significato e d'effetto.

Passarono altre settimane prima che dalla procura giungesse un atto che chiarisse gli intenti degli inquirenti. E venne, il diciotto marzo 1983, il giorno in cui Del Franco emanò un ordine di perquisizione contro Elisabetta Scacchi: casa, auto, armadietti in ospedale furono ispezionati, alla ricerca non è chiaro di che, forse per la medesima, tutto sommato utile, generica prassi inquisitoria: non sappiamo che cercare, cerchiamo, qualcosa troveremo. Nulla faceva pensare che un che potesse essere scoperto, e infatti, il ventidue marzo 1983 la perquisizione viene effettuata dalla polizia giudiziaria senza alcun esito.

Anche la deposizione del tredici maggio 1983 del dott. Walter Bonini presenta un elemento che potrebbe promuovere dubbi, che invece continuano e non scalfire gli intenti d'indagine della procura: «tale farmaco [il Ritmos 50] – dice il medico – non era in quel momento utilizzato da alcun paziente in quel reparto». Il dottore dell'unità di cura coronaria si riferisce al giorno del sedici dicembre 1982, quello delle ultime morti sospette, quello in cui furono trovate le fiale di Ritmos. Ma con tale dichiarazione egli contraddice la stessa direzione sanitaria, che invece aveva ammesso che il farmaco era stato somministrato ai degenti. Il fatto che Elisabetta Scacchi svuoti il cestino, inoltre, per il dottore «ci ha indotto a pensare che ella avesse voluto fare scomparire le tracce». Salvo che quel medico non avesse un ego ipertrofico e usasse per sé il plurale *majestatis*, l'uso del plurale induce a pensare a un consulto di personale che svolge indagini a propria discrezione, senza possedere la legittima condizione, senza alcuna procedura di garanzia.

Per la morte di un'altra malata in rianimazione, infine, Teresita Salderini, il dottore non tralascia il dettaglio che lo porterebbe a una conclusione necessaria: «vampate di calore al viso caratteristiche, anche se non specifiche, dell'uso di ajmalina», una crisi improvvisa e poi la morte. «Anche in tale occasione era presente nel reparto l'infermiera Scacchi» (il caso si era verificato il giorno del dodici dicembre).

Tra le varie deposizioni a carico di Elisabetta Scacchi, è quella del dottor Bonini la più insidiosa: presuppone non la circostanza della colpa, ma quella del dolo; l'infermiera non avrebbe soltanto sbagliato, in via del tutto ipotetica allora, ha forse agito deliberatamente. Tant'è che anche altri pazienti, agente Scacchi, sarebbero deceduti in circostanze «strane», secondo l'insinuazione contenuta nelle parole del medico.

A fine maggio del 1983 si invia da parte dei carabinieri al procuratore della Repubblica di Como «notizia di dissepoltura di Romeri Erminio, Salderini Teresita, Raimondi Francesco, Cingolani Italo». Sono le altre vittime del mostro che si intende debellare. Fosse per l'intento di ricercare un colpevole purché sia, per un disegno preordinato o per l'insieme di circostanze casuali, l'evento che avrebbe potuto non essere, s'avviava a diventare scandaloso caso giudiziario.

Il procuratore Del Franco ne ha certezza il ventisette maggio 1983, quando scrive una lettera al procuratore generale di Milano. L'inchiesta si sta allargando ad altri quattro decessi e il capo dei pubblici ministeri comaschi non ne nasconde la portata: «La procedura che in primo tempo appariva definibile sul piano colposo, sta ora assumendo aspetti più gravi sia per effetto della prima perizia medico legale, sia per gli esiti degli ulteriori accertamenti di cui si è detto».

Allora, soltanto allora, quando nelle stanze della procura si accese un dubbio di tale portata, tanto gigantesco quanto inquietante, che richiederebbe cautela, accortezza, sincera riserva sulle conseguenze sociali che esso comporterebbe; il dubbio che un evento sacrilego, conturbante, capace di rovinare la coesione sociale, svellerne gli assetti, fosse davvero compiuto, proprio allora venne meditata l'opera di rendere notoria l'inchiesta.

Il referente politico della sanità comasca avrebbe assunto il compito di imbastire una strategia di diffusione, *propaganda fidei* si sarebbe detto tre secoli or sono: e tuttavia non molto diverso appare l'impianto concettuale con il quale lo stereotipo accusatorio venne impostato nella Como del 1983. Vile e poco intelligente sarebbe motivare ogni evento, ogni scelta di tale propaganda con l'imminenza di elezioni politiche. Sarebbe ingeneroso verso l'etica e l'intelletto dei molti che in tale disegno offrirono il proprio contributo. Più comprensibile, e motivabile, avanzare l'ipotesi di una inconscia tentazione di produrre una reazione, per quanto scomposta, al dolore sociale, alla sofferente condizione dell'etica cristiana, scossa da ripetuti movimenti tellurici che ne scompaginavano la tenuta sociale: i pronunciamenti popolari su divorzio e legge sull'aborto, l'emergere di spinte edonistiche nella società, sempre più tesa a ripiegamenti interiorizzati ma non in una direzione di fede, l'emergere di un individualismo spiccio, volgare, spesso orientato al paganesimo. Insomma, molte motivazioni di un pessimismo radicale, esistenziale, da parte della lucente fede che da secoli aveva contraddistinto la diocesi comasca e l'intera italica cristianità. Una reazione fu tentata; essa, come tanti secoli or sono, muoveva verso una riconciliazione nella fede, nella direzione del disciplinamento sociale sotto un cielo finalmente univoco e ricomposto.

Ebbe inizio il processo di popolo, la persecuzione con risonanza collettiva, il tormento della donna.

E subito dopo, ineluttabili, le iscrizioni al circolo dei torturatori. Ogni dove accuse di sacrilegio. L'evento esorbitò dai confini della provincia, si fece caso nazionale. Un esempio tra tutti. Il sei giugno 1983, a soli due giorni dall'esplosione della notizia, giunge alla procura di Como lettera da sedicenti Gruppi informali di Roma, nella quale è scritto: «Abbiamo ascoltato le notizie televisive diffuse oggi dalle emittenti di Stato... Questo sodalizio già noto per la promozione di molti decreti di sequestro antipornografia ritiene opportuno trasmettere l'articolo – Ma c'è anche l'eutanasia all'Italiana. Con la presente sporgiamo denuncia». L'eccesso di zelo si contraddistingue ogni giorno all'ombra del potere.

Mentre Elisabetta Scacchi conquista le pagine dei giornali, con un successo di cui volentieri farebbe a meno, il procuratore continua, impassibile, il rosario delle deposizioni.

L'otto giugno 1983 è la volta di Vincenzo Spazzaferro, un collega che, poco avendo da lamentare, evidentemente non interessato al processo contro la strega, non riesce a dire altro essere Elisabetta Scacchi «sempre molto stimata». La normalità non incide sul *processus informationis*. Non diversa la testimonianza di Antonio Bonfanti. Circa la notte tra il trenta novembre e il primo dicembre precedenti non riesce altro a dire: «È vero che in reparto si riteneva che la Scacchi volesse sapere più degli altri».

E all'incirca simile il tenore della deposizione di Giuseppe Paradisi, rilasciata il giorno successivo: «Alla constatazione che qualcuno stava male si diceva: adesso arriva la Betty e ci pensa lei. Ma ripeto si trattava soltanto di battute più o meno ironiche».

Quanto di che dubitare sulla giustezza di quell'ipotesi inquisitoria; ma altre pressioni, ben più autorevoli, sollecitavano l'azione. Sempre il nove giugno 1983 infatti la procura generale di Milano trasmette a quella di Como dodici ritagli di giornale sul caso Scacchi. Insistete, vuole significare: continuate l'azione, non si sa quanto fondata ma sicuramente efficace…

Ebbe dubbi il procuratore? La sua procedura di azione, gli atti che aveva compiuto lo fanno pensare: il tredici luglio 1993 infatti egli convoca nuovamente tanto il dottor Bonini, quanto la caposala Gabrielli:

«Confermo che il Tettamanti era stato trattato con Ritmos Elle il giorno quattordici – afferma l'assistente di cardiologia – e stando alla cartella clinica anche alle ore 12 del giorno sedici dicembre '82». Si tratta di una differente dichiarazione, rispetto a quanto il medico aveva affermato nel dicembre precedente, che, se presa in considerazione, permetterebbe di rintracciare tutte e nove le fiale ritrovate nel cesto generale del piano: sei prescritte per il paziente Tettamanti, tre per la paziente Orsenigo. Il medico è richiesto di chiarire alcuni suoi comportamenti, e quindi ammette: egli aveva pensato a un uso errato di adrenalina: «Per tali ragioni – dice al procuratore – , appena fui chiamato per la crisi del Tettamanti io applicai una terapia di contrasto alla adrenalina dopo aver verificato che le altre manovre standard non davano risultato». Vengono però trovate le fiale di ajmalina, continua il dottor Bonini, e quindi cambia terapia con la Orsenigo. La quale, in tal modo, esce dalla crisi da ajmalina. Gloria Gabrielli, lo stesso giorno, è chiamata a un secondo interrogatorio. Anche in questo caso, viene tradita una certa ansia, con una nuova autodifesa della propria condotta in quel drammatico sedici dicembre: «sia pure al solo fine di escludere ogni eventuale sospetto, era necessario effettuare qualche controllo e verificare che cosa in effetti accadeva». Ella conferma, volendola motivare, una certa prassi inquisitoria, una specie di approccio indagatorio della caposala, alla ricerca di un untore.

A nulla valsero neppure le due nuove deposizioni davanti al procuratore di medico e caposala. D'altronde, la macchina delle indagini marciava, come una sorta di strumento ormai reso autonomo persino da chi l'aveva avviato. Magistrato, polizia giudiziaria, avvocati di parte civile, giornalisti, colleghi di lavoro, medici, persino semplici cittadini presi dall'alto compito purificatore non mancarono, più volte, di prodigarsi per fare giustizia, perisse anche il mondo, che importa? Il diciassette luglio 1983, nel vortice pubblicistico che aveva preso persino l'ufficio del procuratore della Repubblica, sulla scrivania del dottor Del Franco giunge l'immancabile Relazione di servizio di Pubblica sicurezza, stesa dall'ispettrice Marina Molinari. Un capolavoro, quello che la letteratura giudiziaria definisce di solito l'utile strumento informativo per delineare la "personalità criminale" dell'imputato.

Tutta la vita di Elisabetta Scacchi è descritta, con una capacità espressiva notevole, in grado di rendere la malvagità e la straordinarietà della protagonista; tutto in due pagine. Il profilo è delineato, quasi icastico: «Iscritta a medicina, poi a giurisprudenza – impegnata nella lotta sindacale – segretaria infermieri CGIL – si trovava sempre in prima fila e alla testa nelle varie rivendicazioni – durante una manifestazione nel novembre '77 ... si sdraiò con i manifestanti sulla via Napoleona in segno di protesta». Donna impegnata quindi, barricadiera, e tuttavia non capace di concentrarsi su qualcosa: non completa i suoi studi. Che sia questo l'indizio criminale? Ma continua l'ispettrice di polizia: Elisabetta Scacchi ha un pessimo carattere, a detta dell'indiscutibile giudizio scientifico del poliziotto di turno: «una certa arroganza e maleducazione [l'hanno] portata a essere invisa ai colleghi di reparto e non, i quali si dichiarano più sereni e tranquilli ora – il personale dipendente non ha mosso un dito in difesa della Scacchi». O forse può essere questo l'indizio criminale: «solo la frangia cosiddetta femminista ... è rimasta vicina alla giovane. In ogni caso la Scacchi non ha avuto – all'interno dell'ospedale – alcuna prova concreta e tangibile di solidarietà». Forse che nelle sedute dei collettivi femministi si pratichi il sabba? Tra l'altro, l'accennata appartenenza al femminismo denota che persino in ciò l'analisi dell'ispettore di polizia sia poco informata, superficiale e deficitaria. Ma il colpo di grande maestria è subliminale, la nota informativa si incentra proprio su un dato della vita di Elisabetta Scacchi, la sua natura volitiva: «Sa bene quello che vuole e quello che fa. - È solita giungere al lavoro con la motocicletta Guzzi 350 targata CO 149711, possiede una Peugeot 104.» Il fatto che Elisabetta Scacchi sia una donna motociclista, che guidi una Guzzi di grossa cilindrata, sembra davvero il cardine fantastico su cui ruoti l'intera sua vicenda: ognuno ne è ossessionato, giornalisti, giudici, poliziotti, nemici e amici. Segnala una natura decisa, capace di intimorire le certezze maschili dell'epoca, e capace d'insinuare dubbi e retropensieri, segnati dalla fobia del *mainstream* di quegli anni, presi in una celata sessuofobia retrograda, taciuta ma non per questo di limitata entità. La stessa relazione non nasconde di insinuare come certezza, quando evidentemente certezze non erano, pesanti parole sulle preferenze sessuali dell'indagata, la cui vita non solo veniva così scandagliata, ma per di più posta alla luce deformante di un pericoloso pregiudizio. A conclusione, l'ispettore annunciava i nomi delle amiche dell'indagata; lista che veniva completata in una relazione successiva del trenta novembre: evidentemente qualcosa era sfuggita alla solerte indagatrice.

Poteva fallire a tal punto una curiosità del tutto umana di conoscere le amiche dell'infermiera sotto inchiesta? E infatti il trenta novembre 1983 entrano nell'ufficio del procuratore due infermiere appartenenti al circuito d'amicizie di Elisabetta Scacchi. Elena Bagni, ex collega, non nasconde di appartenere alla medesima scuola di pensiero politico di Elisabetta Scacchi. «In particolare – risponde alla domanda del pubblico ministero – non sono in grado di riferire quale atteggiamento ella avesse a fronte del problema dell'eutanasia di cui, a volte, il nostro gruppo ha discusso. [...] Sono al corrente del fatto che costei era legata da rapporti di amicizia con Soldati Paola, ma non posso indicarne il livello». Cosa avrebbe potuto dire di più o di meno? Né riuscì, a quanto pare, a placare le curiosità del magistrato. «Era fra le infermiere più preparate dell'ospedale ... non mi pare possibile che ella possa avere varcato certe barriere». Paola Soldati la segue nel deporre, e cerca, con questo, di suggerire al magistrato altra responsabilità, forse una noncuranza altrui, all'interno dell'unità di cura coronaria: «La Betty – dice – si è sempre lamentata di essere stata scelta come capro espiatorio per coprire responsabilità di altri che però non ha mai indicato con concretezza e specificità. [Si tratterebbe cioè] di probabili manovre dei medici che poi avrebbero dirottato le responsabilità su di lei».

Il tempo per concludere le indagini incombeva. A nulla valse ogni tipo di appello, non furono sufficienti i dubbi che pure l'inchiesta al suo interno faceva affiorare con grande abbondanza. Il quindici dicembre 1983 il procuratore della Repubblica di Como emanò l'ordine di cattura dell'infermiera professionale. La ragione: gli indizi emersi nell'inchiesta sono confermati da uno «strano comportamento» di Elisabetta Scacchi.

Capitolo V
Habeas corpus

Gli otto fascicoli del processo a Elisabetta Scacchi testimoniano di un fallimento e di un *contestuale* successo. Nelle carte ingiallite e compresse tra polvere e muffe riposa, dimenticata dagli uomini e dal tempo, deposta e consegnata al silenzio, la traccia di una crisi esistenziale, la deflagrazione del destino personale di una donna, la cui vita, comunque fosse andata a finire la sua vicenda privata, risultò sconvolta, annichilita dalla furia inquisitoria, più che del magistrato incaricato di svolgere l'inchiesta, di una società incitata nel seguire un obiettivo persecutorio con netta ricaduta collettiva.

È evidente il "fallimento" esistenziale di Elisabetta Scacchi, la cui vita non fu come avrebbe potuto e dovuto essere, e venne sconvolta per la limitazione di alcune delle infinite possibilità di esistenza che all'età di ventisei anni le si sarebbero mostrate innanzi. Quanti affetti, quali possibilità le furono precluse, quali scelte che avrebbe potuto compiere le furono impedite?

L'impossibilità di rispondere denota, di per sé, dell'ineffabile forza perversa dell'accanimento che dovette sopportare. Nessuna riabilitazione le avrebbe restituito quanto le sarebbe stato sottratto con lo svolgimento di tanta furia. Nessuna restituzione le sarà possibile in futuro.

Per certi versi, vale per lei quanto amaramente oggi si riconosce per gli infiniti perseguitati da qualche forma di potere, derisi, infangati, accusati di reati inesistenti: quale riabilitazione restituirà la vita, la felicità, la predisposizione alla gioia a chi perdette l'una o le altre; quale degnità sarà restituita a

Galileo Galilei dalla reintegrazione *ex cathedra* di oltre tre secoli dopo la sua scomparsa; quale onore per i processati nelle epurazioni di ogni tempo; quale rispettabilità per gli infiniti perseguitati della storia?

Ma a quel fallimento esistenziale, a quell'immiserimento del potenziale di futuro, si accompagna anche una vittoria, paradossale quanto si voglia, ma indiscutibile: il successo del sistema giudiziario del moderno. E per quanto allora il rito processuale del diritto penale ancora risentisse di antichi arcaismi, di incrostazioni inquisitoriali: e inquisitorio era appunto definito il modello della procedura penale; nonostante ciò quel modello conseguì non tanto un fallimento quanto il proprio successo. Un'innocente era stata perseguitata, il sistema giudiziario le avrebbe garantito clausole di salvaguardia accettabili. La sconfitta esistenziale sarebbe stata, per così dire, neutralizzata, quasi beffata dall'astratto modello delle garanzie procedurali.

La donna venne imprigionata alla vigilia di una fredda stagione natalizia: il sedici dicembre 1983, mentre i preparativi della festa si respiravano in aria. La rovina della propria esistenza si accompagnò con l'abbandono di colleghi e conoscenti: ogni evento sembrava congiurare contro di lei. Persino sul piano della sua condizione processuale, Elisabetta Scacchi ebbe la sensazione di mutilazione, di svuotamento di ogni relazione, dell'anomia direbbe oggi uno scienziato del sociale. Non mancò, tra i suoi avvocati difensori, chi già prima d'allora avesse definito la condizione personale della giovane infermiera professionale come di un «limbo processuale», ad intendere quasi una sospensione tra cielo e terra, tra condizione giuridicamente definibile e totale incertezza.

Il suo arresto, che pure la feriva a morte, tuttavia avrebbe avuto l'effetto tangibile di riportare a terra le molteplici congetture, le affermazioni capziose, i si dice, le illazioni, le malignità, il riferimento a stranezze o a idiosincrasie: ogni supposizione, allora, avrebbe dovuto tramutarsi in fatto, apprezzabile giuridicamente, o sarebbe stata vuota ipotesi. Ecco perché, mentre prima dell'arresto di Elisabetta Scacchi si percepisce esclusivamente quanto altri vorrebbero di lei definire, nel bene o nel male, come un profilo descritto da un terzo; immediatamente dopo, di lei si inizia a percepire la voce.

Una voce debole. Ha perduto i suoi referenti: esclusa dal circuito professionale, sospesa dal proprio partito, di cui orgogliosamente si proclamava militante, isolata dai colleghi. Come se la sua sola famiglia, poche amiche le fossero rimaste, quasi una protezione relazionale, a tutelarne l'umanità.

Se si osservano, oggi, a distanza di tanti anni, l'intera vicenda e i suoi protagonisti, nel panorama un po' artificioso della "pubblica opinione", un elemento emerge brutalmente: la solitudine di Elisabetta Scacchi. Lei, unica donna, ha di fronte a sé, di fianco a sé, con sé, quasi esclusivamente uomini. Dinnanzi a tale dispiegamento di forza e di genere, la solitudine della donna appare in proporzioni di grandezza morale e di forza psichica non discutibili.

Sola, fronteggia file di uomini che la scorgono come l'apostata, la vindice di un conflitto tra il vitale e ciò che è privo di vita, esangue, inane: e si badi, a lei corrispondono le connotazioni del vitalistico, ai suoi detrattori l'aura del mortale e di lutto.

È il confronto tra un pieno, un denso di significato, e un vuoto di senso, esercizio esclusivo di potere. Al femminile le caratteristiche del vivo si associano al fertile, alla nozione di ciò che si offre per la riproduzione; al vuoto, che pure ogn'ora si agitava in nome della vita e della sua tutela, corrisponde l'assenza del fruttuoso, l'aridità, il deserto del maschile alla ricerca del conflitto.

Attorno ad esso conflitto, una realtà organizzata in crisi, soprattutto una crisi di senso, che stava vedendo svanire i cardini attorno ai quali aveva trovato organizzazione e conforto un intero modello di società, le sue ragioni, i legami che lo avevano conservato in passato: sono evidenti le frizioni che stanno corrodendo dall'interno il sistema sociale e culturale della provincia del nord dell'Italia, di lì a poco sottoposta a tensioni traumatiche. Si assisteva allo scolorirsi di quella patina solidaristica che aveva coperto, a volte addirittura sostenuto un modo di vivere, l'ideologia sociale forte posta alla base dello stesso, quella dell'arricchirsi.

Nuove tensioni si stavano manifestando e rovinavano tra

le case ben curate della provincia le parti scomposte del mondo, che vi si immettono, duramente, sconvolgendo una quiete che solo desiderava di non essere turbata.

Erano state le battaglie civili degli anni Settanta a rappresentare il primo motivo di svolta. Le vicende sul diritto di famiglia, sulla normativa per l'interruzione di gravidanza, sulle libertà individuali, sulla libertà sessuale avevano sconvolto, quasi divelto il rigido meccanismo della vita di relazione, tanto mediocre e riservata, tanto ipocrita e superficialmente perbenista, fondata su altare, evasione fiscale e moderatismo.

Il mondo è perverso, in tanta brutalità, e si è impossessato di grande parte delle anime anche intorno a noi viventi, il peccato si traveste delle mille facce della vita: fra tradizione e libertà si matura una frattura quasi definitiva.

La parola *vita*, persino, subisce una grande metamorfosi semantica: da variabilità, molteplicità, fantasia, imprevedibilità, follia, si sposta verso esiti più prevedibili, verso la quiete, l'equilibrio, la tradizione, il confessionale. Essa si sessualizza anche: assume una valenza più impositiva soprattutto presso le figure maschili, rappresenta un valore più prossimo al dubbio per quelle femminili.

Tornava in un certo senso il desiderio della strega. La presenza femminile sventrava l'ordine sociale perché eversiva: portatrice di istanze liberatrici, si mostrava allo stesso tempo fattore riproduttivo non più ostile al desiderio di procreazione, proprio grazie all'emergere di una riflessione pubblica sulla procreazione consapevole. Il delirio femminista era rientrato, infatti, in seguito alla riflessione sulla maternità desiderante, voluta e responsabile. Proprio quest'ultimo aggettivo terrorizzava il contesto minacciato dalla rivoluzione in atto: la responsabilità presuppone un'etica; la sola etica possibile era invece quella imposta dalla cultura dominante, al più disposta a tollerare le etiche accessorie delle subculture di corredo, minoritarie e considerate con malcelato disprezzo.

La responsabilità che unifica la donna ad altre donne, in particolare nell'atto che la definisce e la distingue in quanto tale, la riproduzione, è tanto diversa da minare l'intera impalcatura di un sistema sociale-culturale resistente all'inatteso.

Occorreva quindi qualcosa che distruggesse ogni desiderio desiderante, un crimine che nullificasse l'identità femminile nella sua aspirazione a una coscienza, ne abolisse la possibilità di elaborare una propria etica. Un crimine nefasto che riunificasse la società sotto un unico cielo. La crudezza di un gesto iniquo avrebbe potuto avere la massima risonanza se fosse avvenuto in un ambito tanto comune e privato al tempo stesso, in modo di permettere la massima autoidentificazione con ciascun membro della società cui si intende riconfermare una certa coesione.

Il gesto del folle sarebbe stato infruttifero a tale scopo, esso appartiene all'*alogon*, al *contra rationem*, all'imprevedibile, è pura forza naturale incoercibile, impulso incontrollabile, e pertanto può essere spiegato anche all'interno di un sistema le cui coordinate ambientali siano fissate su principi di un ordine conservatore.

La scelta del gesto da stigmatizzare doveva essere oculata: mirare a un atto che rispondesse a una logica, a una razionalità con la quale la società è costretta a convivere, suo malgrado, a causa di mal interpretati principi di tolleranza che essa stessa si è data; una razionalità che appaia facilmente debordante dal *fastum*, dal limite della decenza comune, il più possibile prossima all'eresia.

Femmina avrebbe dovuto essere l'apostata. E femmina fu.

A tale intento non rispondeva tuttavia il modello processuale, che aveva anzi raggiunto alcune garanzie di rispetto per la sfera personale, degne del disegno di società del XX secolo. E ciò, nonostante le molteplici critiche, anche avvertite e fondate, che quella forma di giustizia, di origine napoleonica, aveva accumulato.

In un sistema di tipo inquisitorio, il ruolo della difesa e del cittadino si trovavano del tutto subalterni al magistrato: le prove venivano formate dal pubblico ministero, raccolte quasi interamente in segreto, al di fuori di ogni contraddittorio con la difesa dell'imputato. Anche nel dibattimento, che si svolgeva tuttavia in modo pubblico, il peso delle prove raccolte senza contraddittorio e in istruttoria era del tutto determinante. La difesa era assai limitata e non poteva svolgere che una funzione passiva e di mera critica.

E tuttavia, il modello di allora, inquisitorio, di fatto dell'inquisizione medievale non conservava che il nome. Motivato dall'obbligatorietà dell'azione penale, il curatore della pubblica cosa, magistrato incaricato di svolgere l'azione penale, era tenuto ad agire contro il delitto e il reato. Lo Stato, leviatano o soltanto vago ricordo del mostro biblico che un tempo era stato, si assumeva l'onere della prova, non il singolo, o la singola, presunta innocente, corpo intangibile e pertanto sacro e inviolabile. Anche un margine temporale si aggiungeva a conforto di un'ulteriore garanzia favorevole all'*habeas corpus*. Per tale ragione, quel quindici dicembre non poté essere rimandato ad altre idi: il giorno successivo sarebbe scaduta la durata dell'inchiesta, s'imponeva decisione; e decisione non avrebbe potuto essere, allo stato, che assoluzione per insussistenza del fatto o persecuzione di un colpevole.

Soltanto alcuni anni dopo l'avvio di tanto processo, così delicato e rumoroso, tale da sfondare i confini intorpiditi della pigra provincia, sarebbe scaturito un nuovo codice di procedura penale, e inaugurato un nuovo modello giudiziario, accusatorio, di stampo britannico, per il quale alla presunzione d'innocenza andavano a collegarsi ulteriori elementi di garanzia e di equità tra le parti nel processo.

Il nuovo processo avrebbe attuato un reale garantismo dei diritti del cittadino e realizzato la parità effettiva, o almeno tendenziale, tra il pubblico ministero e l'imputato, mentre il giudice (individuale o collegiale) sarebbe stato posto in una condizione di terzietà e chiamato a realizzare una sintesi.

Le prove sarebbero state formate soltanto in contraddittorio, tramite l'esame diretto e il controesame delle parti e dei testimoni nel dibattimento, sede privilegiata per la formazione delle prove.

Sarebbe stata abolita, a questo modo, la figura del giudice istruttore e la fase istruttoria stessa del processo. Eppure, tanto importante, e garante di una maggiore lucidità di indagine, nel caso di Elisabetta Scacchi, si sarebbe mostrata la figura del giudice che istruisce l'indagine.

Ma questo sarebbe un altro racconto.

Quel sedici dicembre, chiusa nelle carceri cittadine, quando in molti consideravano ormai definita, e risolta, la terribile esperienza del crimine scellerato perpetrato all'ospedale Sant'Anna, proprio allora si ponevano le basi per la riabilitazione della donna.

Capitolo VI
Nessi causali

Nelle carceri dove passò la prima notte, una luce fredda, inospitale e feroce accolse Elisabetta Scacchi. Nulla era con lei. Nessuno a confortarla. Entrare in un carcere non è come ricoverarsi in ospedale. Nessuno accompagna alla sua camera chi vi finisce, controlla che qualche conforto lo consoli, che la notte possa passare, in qualche modo: l'indomani ci si rivedrà. Soltanto la memoria degli affetti familiari entrò con la giovane incarcerata nella notte del sedici dicembre 1983. Ogni altro legame era perduto. La violenza persecutoria aveva provveduto a infrangere affetti e simpatie, recidere legami di rispetto nel nome della vendetta nevrotica che si voleva consumare contro la giovane donna.

Una unica nota di speranza accompagnava la giovane, le era stata pronunciata dai suoi legali: nessun processo avrebbe retto di fronte a un tanto debole castello accusatorio. Ma si trattava di risorse legali, nulla di che rinfrancare, nessun elemento affettivo che potesse risarcire di una violenza tanto cruda: l'accusa di omicidio, le infamità, le insinuazioni disumanizzanti, e poi la persecuzione e l'arresto.

L'estro vessatorio mobilitava l'intera comunità, che a quanto pare, dalle impressioni che si desumono, non emise grandi segni di dissenso, o di sospetto, qualche motivo di perplessità sulle motivazioni che alimentavano l'impresa del procuratore di Como. E nel rimpallo di gesti e eventi simbolici, tra autorità e rappresentanti del pubblico spirito, magistrature e istituzioni, ciascuno pareva rincorrere il precedente, assicurarsi la dimostrazione di zelo esemplare, trovarsi un bel posto in prima fila tra coloro che sarebbero premiati per il proprio fervore. Angelo Spallino, fra costoro, traluce per impegno e emerge per tempestività: il venti dicembre 1983 egli si costituisce parte civile a nome dell'associazione dei comuni che detengono la proprietà dell'unione sanitaria.

Di quale motivo lo incalzasse nessuno si pose il problema, allora, o almeno non mostrò di pensarlo: non i suoi sodali di corrente, partito, maggioranza politica o circuito di coscienza; ma persino chi avrebbe potuto contestare la decisione, e ne avrebbe in seguito tratto almeno dignità e vigore, rimase in silenzio, attonito, stordito se non convinto, una volta per sempre, della natura malvagia della donna imputata.

Soltanto dagli avvocati di Elisabetta Scacchi giunse un cenno di resistenza, ma come attutita dal dolore e dalla contestuale foga natalizia dell'antivigilia. Il ventidue dicembre 1983, sei giorni dopo l'arresto della loro assistita, essi depositarono in tribunale una richiesta di riesame dell'ordine di cattura. In questo documento vengono criticati, aspramente, gli indizi sulla cui base il curatore dell'interesse pubblico aveva emanato l'ordine di cattura; anzi, segnalano i firmatari della richiesta, gli indizi «non ci sono neppure». Le siringhe trovate indosso all'imputata o nel famoso cesto generale dell'unità coronaria, sottoposte ad analisi, «hanno dato esito negativo». «Non c'è stata un'indagine a tappeto – continuano gli avvocati – , ma solo un'indagine mirata, e in modo tale che poi vi sono risultati compresi anche i due casi più sopra indicati». Infine, notano con pacifica attenzione, in tutto il castello accusatorio manca un movente.

Nello stesso giorno il Collegio infermieri professionali «decreta la sospensione dall'Albo in via cautelativa» di Elisabetta Scacchi.

Poi giunse il Natale, la festa in cui ciascuno sente una vocazione alla bontà quanto non accade in nessun altro giorno dell'anno, e con Natale la notte di San Silvestro e un nuovo anno, un radioso 1984, per il quale ciascuno, avvocati, custodi carcerari, magistrati, testimoni e colleghi di lavoro di Elisabetta Scacchi formularono in cuor loro buoni propositi, speranze e desideri.

E tuttavia qualcosa era cambiato, un cambiamento determinante, insito e necessitato dalla procedura giudiziaria; un evento che avrebbe segnato a fondo il processo alla donna, perché consegnava i destini di lei nelle mani di un nuovo attore, essenziale, nella storia, capace di segnarne una svolta, una evoluzione imprevedibile verso un destino di verità.

Il giudice naturale dell'inchiesta veniva indicato in Giacomo Bodero Maccabeo, un uomo degno, dall'*aplomb* anglosassone, per natura moderato, uno spirito laico, si direbbe oggi. Una persona libera.

Nelle sue mani, la vicenda di Elisabetta Scacchi cambia tenore, si allenta per certi versi, assume dimensioni inusate e impensate sino a quando era rimasta nelle mani del solo procuratore penale.

L'undici gennaio egli concede gli arresti domiciliari a Elisabetta Scacchi: «devono in concreto escludersi qualsiasi possibilità di inquinamento probatorio... e ogni altra ipotesi di pericolo di fuga da parte dell'imputata». Ma ciò in nulla mutava la sua posizione processuale, che restava di unica imputata di un delitto terribile.

Non che alcunché accadesse, a modificare il tono della condanna morale ancora nitidamente espressa; ma l'aria mutava, la natura superiore del giudice che istruiva l'indagine dava respiro, spazio, forse speranza. E una riserva d'azione: il venti gennaio, la parte di difesa rivolge un'istanza per riesumare il cadavere di Decio Ciancia per verificare la presenza di ajmalina nei suoi tessuti e una contestuale richiesta di letteratura medica sul Ritmos, nonché l'acquisizione dei turni dei medici in unità coronaria e di rianimazione dei giorni critici, secondo le tesi accusatorie, trenta novembre, primo, dodici e sedici dicembre. «Se le decisioni istruttorie precedenti – annotano gli avvocati di Elisabetta Scacchi – fossero state assunte in base alle cartelle cliniche e non in base ai "dati storici", è del tutto evidente che o non sarebbe stato riesumato nessun cadavere oppure sarebbe stato esumato anche quello di Ciancia; se ciò non avvenne è solo perché l'indagine istruttoria fu sempre esclusivamente "mirata" sulla posizione della Scacchi».

Destinatario di tale istanza, ora, non è più il procuratore, ma il giudice istruttore: altre orecchie, più sensibili per status psicologico, o per ragioni d'ufficio, si mostrano attente alle ragioni dell'infermiera imputata di sei assassinii.

Fatti avrebbero dovuto essere, e tali non risultarono. Con il primo marzo successivo vengono depositate le perizie dei medici di parte civile, che concordano, nella sostanza, con i periti del tribunale. Le tesi della procura subivano un ridimensionamento, quanto meno. Così infatti scrivono i dottori Maurizio Azzini, Maria Montagna, Pierantonio Taiana: «Non vi è alcun elemento atto a comprovare che l'ajmalina abbia potuto giocare un ruolo causale o concausale nella morte di Erminio Romeri, Italo Cingolani, Salderini Teresita e Pietro Tettamanti». Dalle risultanze degli esami sembra che «non vi sia alcun elemento idoneo a far ritenere che la morte di Orsenigo Eugenia si sia verificata per cause diverse da quelle naturali». Non solo: «I reperti analitici dei periti d'ufficio … non sono tuttavia probanti per mancanza di un'adeguata tecnica analitica». «In un caso (Ciancia Decio), si riscontrano tutti i criteri di possibile effetto tossico dell'ajmalina o quanto meno gli stessi criteri che sono stati utilizzati per ipotizzare l'effetto tossico dell'ajmalina nel caso di Eugenia Orsenigo».

Molte certezze iniziavano a vacillare. Tanto nell'ambito della chimica, oscura sfera del venefico, quanto in quello, ancor più tenebroso, dei moventi che avrebbero spinto all'azione l'infermiera.

Per l'esattezza questa sembrò essere la spinta inquirente più istruttiva prescelta dal nuovo giudice incaricato delle indagini: comprendere l'esistenza di un movente, vera lacuna di tutto il castello accusatorio. Che l'ajmalina avesse potuto portare a fine la vita di qualche degente, non provava infatti né che essa fosse stata iniettata con intenzioni omicide, né che tale avvelenamento, per quanto involontario, quindi colposo, fosse stato eseguito da Elisabetta Scacchi. Perché ciò avvenisse, quanto meno, sarebbe stato necessario un motivo, una causa, un perché. Non potevano bastare, a motivare un'accusa, i rapporti di polizia o le antipatie interne all'ambiente professionale. Occorreva un responso scientifico. Ma ciò avrebbe sottoposto l'impianto degli inquirenti a una verifica fin troppo rischiosa.

E il due aprile 1984 è condotta a tal fine una perizia psichiatrica su Elisabetta Scacchi, ad opera dei dottori Gianluigi Ponti, Angelo Cazzola, Piera Gallina Fiorentini. «La periziianda (!) – scrivono nella loro relazione conclusiva i tre periti – è dotata di piena capacità di intendere e di volere così come lo era all'epoca dei fatti di cui è processo». Si insinua in tale relazione medica il sospetto che l'oggetto della persecuzione sia stato completamente sbagliato.

L'atto intrusivo nella psiche di una persona conserva un carattere di violenza estrema, ma tuttavia è allo stesso tempo un azzardo interpretativo, un gratuito proposito deterministico che potrebbe trovare molteplici motivi di contestazione. Così continuano i periti psichiatrici: «Ha sempre frequentato molta gente, ha avuto però una vita sentimentale poco ricca...». Il femminismo (dice) «si è ghettizzato in modo isterico e urlante». «Lei è per il dialogo, per lo scontro dialettico, per l'analisi storica».

«Il flusso ideativo è sempre ottimamente scorrevole ed associato, non si apprezzano disturbi di ordine delirante, nessun contenuto fobico, ossessivo, ipocondriaco; non si apprezzano tematiche ideative che abbiano carattere di prevalenza». «Rapporto di realtà pienamente integro».

«È senz'altro da escludersi che la Scacchi sia una folle, una paranoica che persegua, sul filo dei suoi deliri, intenti diabolici, una personalità fanatica nel senso psichiatrico». «Il suo pensiero non è inquinato da contenuti deliranti, da tematiche invadenti e unipolari».

Nessun movente di natura psichica, nessuna paranoia, nessun delirio, dunque, a confermare l'esistenza di un movente. I dubbi sulla effettiva colpevolezza di Elisabetta Scacchi si infittivano sempre più.

Non per il perito di parte civile, che richiese, insoddisfatto di tali risultanze eccessivamente favorevoli all'imputata, una serie di altri test. Ma il giudice istruttore ritenne di «non dover accogliere questa richiesta poiché ... ogni altra indagine avrebbe avuto unicamente lo scopo di scandagliare la personalità e le caratteristiche psicologiche».

Una perizia che non dovette piacere per nulla alla parte civile, che invitò un proprio perito a predisporne una seconda, di diverso orientamento, per quanto possibile in una ambito professionale di impostazione scientifica. Sarebbe giunta in ritardo, nel quattordici novembre successivo, ad opera di un luminare della psichiatria, il prof. Augusto Ermentini, che non trovò di meglio che affascinarsi per il dettaglio tanto fantasmatico della moto rossa dell'infermiera, manifestando così la propria profonda attrazione per un tale elemento, vitale, eccessivo, roboante, di una donna con la motocicletta: «La situazione psicopatologica della Scacchi – scrive il luminare della scienza – potrebbe essere definita "sindrome paranoicale delirante caratterogena secondaria" e quindi come uno sviluppo secondario». «È orgogliosa di guidare la moto da dieci anni (ora possiede una Guzzi 350 rossa)».

Mancava un solo risultato, a questo punto dell'indagine, per completare l'interesse del giudice istruttore, e porre fine alla propria inchiesta, e validare o meno l'istanza della procura, e tale risultato arrivò il diciassette settembre 1984, dall'Università di Padova, sotto forma di una sintesi delle perizie dei dottori Introna e Ferrara sulle analisi tossicologiche ordinate a un secondo istituto medico legale: l'ajmalina non veniva riscontrata nel caso di Decio Ciancia. Inoltre, scrivevano i periti: «il riscontro qualitativo dell'ajmalina segnalato nelle due precedenti perizie non è contestabile per i casi Tettamanti e Orsenigo ma va segnalato che al Tettamanti erano stati prescritte e somministrato tre fiale di Ritmos Elle nei giorni 14, 15 e 16 dicembre (nove fiale in totale) ». Per la Orsenigo, la perizia segnalava una «non dimostrata quantità», e di conseguenza non si può esprimere «il nesso causale». Per gli altri casi non si riscontrava esistenza di ajmalina.

La vicenda, per il tribunale di Como, poteva trovare il suo epilogo.

Il ventidue settembre 1984, Il giudice istruttore di Como completò la sua azione. Le conclusioni peritali, scriveva nel suo dispositivo, «sono tali da incidere negativamente sulla sussistenza della cosiddetta prova generica in ordine ai fatti ascritti all'imputata». «Sono venuti meno gli elementi astrattamente indizianti che avevano determinato la incriminazione dell'imputata e l'emissione dell'ordine di cattura da parte del Pubblico Ministero». Veniva «disposta d'ufficio la scarcerazione dell'imputata per mancanza di indizi», ma permaneva l'obbligo di presentarsi una volta alla settimana ai carabinieri, per permanenza di sospetti.

Obbligo che il giudice istruttore avrebbe revocato soltanto il cinque giugno 1986, anche a causa della grande resistenza della procura della Repubblica a che la vicenda si chiudesse con una sconfessione tanto eclatante del proprio operato.

Epilogo
...un futuro piacevole e sereno

Gli eventi si presentano nella storia una prima volta come tragedia; al loro riproporsi sulla scena pubblica, essi si rivestono del motivo del comico, scrisse un pensatore tanto contestato di molti anni or sono. E anche l'epilogo di sì grande sofferenza, a molti anni di distanza, non può che apparire sotto il profilo della involontaria comicità.

L'undici gennaio 1985, senza celare un tono piccato, il procuratore della Repubblica di Como si rivolse al giudice titolare dell'istruttoria, Giacomo Bodero Maccabeo, per contestare le risultanze delle perizie ordinate all'Università di Padova. Egli segnalava tutte le sue perplessità «sul metodo e sul merito» delle conclusioni dei periti veneti: «Il contrasto fra due collegi di esperti, di eguale e rilevante livello professionale, non consente di pervenire a conclusioni serene e tranquillizzanti, attesa anche la particolare delicatezza della causa pregna di motivi umani e sociali». «L'istruzione non può considerarsi conclusa». Nomini il giudice istruttore un «altro collegio di periti a cui conferire l'incarico di rinnovare e approfondire, con tutti i mezzi a disposizione, gli accertamenti utili a risolvere i contrasti insorti».

Dopo qualche tempo, con una reattività che certo non aveva più necessità d'urgenza, data la mutata condizione psicologica dell'infermiera professionale, la sua difesa rispose alla richiesta di nominare una nuova perizia per verificare l'avvelenamento dei sei pazienti del Sant'Anna. Il ventinove marzo 1985 in una memoria della difesa di Elisabetta Scacchi si ribatté alla nuova offensiva della procura, che era ormai priva del potere di indagine, «spogliatasi dell'istruttoria e restata quindi titolare soltanto di una facoltà di stimolo o di un potere di richiesta».

I primi periti non avrebbero potuto sindacare sulle risultanze dei secondi, affermava la difesa dell'infermiera: «questa difesa ... non ritiene accettabile che i periti di Padova siano chiamati a fornire chiarimenti su documenti e osservazioni che non possono far parte del processo».

Fornito della pazienza e del distacco di un anacoreta, il diciannove febbraio 1986 il giudice istruttore di Como scriveva alla magistratura elvetica: il caso si ammantava di una dimensione internazionale. La provvida invenzione del giudice comasco avrebbe così risolto una disputa che, con i mesi, si era connotata dei toni della polemica tra laboratori di due diversi presidi medico legali: Milano e Padova. Cosa di meglio che lasciare la decisione a un ente tanto esterno da risiedere nella vicina e pur così lontana confederazione elvetica: «è necessario – scriveva il giudice Bodero Maccabeo al proprio collega svizzero – procedere ad una "superperizia" che possa dissipare dubbi, perplessità e incertezze ... [definendo] natura e causa dei decessi dei pazienti menzionati». «Si è profilata l'ipotesi di affidare incarico al di fuori degli ambienti medici scientifici cattedratici nazionali». La commissione elvetica sarebbe stata composta da quattro professori dell'Università di Losanna.

Un anno dopo, il primo febbraio 1987, giunsero nelle mani del giudice istruttore le prime risultanze della perizia clinica dell'ospedale di Losanna. Nessun dubbio sulle ragioni della difesa di Elisabetta Scacchi: «non vi è alcun elemento clinico che provi per un sospetto di intossicazione dall'ajmalina, che quest'ultima sia stata ritrovata o non nei prelievi *post mortem*». Sembra quasi che, con una prosa arditamente gnomica, quasi ultimativa, i medici di Losanna volessero rimproverare l'accanimento inquisitorio dell'accusa contro l'infermiera, suggerendo principi da manuale della fenomenologia dell'omicidio per avvelenamento: «Un veleno suscettibile di essere utilizzato da assassini deve poter essere mescolato facilmente a cibi o bevande, deve agire, se possibile, con un termine di qualche ora e finalmente deve essere difficilissimo da rilevare in un cadavere. L'ajmalina, in ogni evidenza, non sarebbe un veleno utile ad un assassino».

Il diciannove dicembre 1987 vennero restituiti passaporto e carta d'identità a Elisabetta Scacchi, che tornò a essere una libera cittadina. Erano passati cinque anni dall'inizio del suo calvario. E mentre usciva dall'incubo, così come, anni prima, le era capitato nell'atto dell'uscire dal carcere, il suo pensiero tornò al lontano sedici dicembre del 1982, un giovedì, giorno di turno pomeridiano; giorno in cui si sarebbe svolto, secondo i suoi accusatori, il sabba venefico, l'omicidio, la ferita delle coscienze. Di quel giorno, tramite il pensarvi e il ripensarvi, e il ripensarvi ancora, le sembrava si fosse fissato alla sua esistenza come un'ombra opaca e afosa, un perpetuo ritorno dell'incubo, come se con ogni alba successiva esso risorgesse ancora. E tuttavia, dell'intera ricostruzione che con fatica e lavoro aveva definito con i suoi avvocati, nulla le rimaneva più impresso del sofferto silenzio dell'enorme camera d'ospedale dell'unità di cura coronaria, turbato appena dal sussurro delle macchine per la rianimazione. In quel silenzio, nove corpi vivi, provati, privi di coscienza e d'amore, coperti da un lenzuolo bianco, e le tacite falcate, anch'esse bianche, ritmiche, agitate e in ogni caso mute, dei calzari d'ospedale dell'infermiera caposala.

Come un silenzioso riverbero, quei calzari lindi d'ospedale si muovevano con decisione accusatoria, piglio di furore, rabbia, verso di lei e s'arrestavano, quasi in un saluto militare, davanti ai suoi occhi per riallontanarsi decisi.

Il sedici dicembre 1982.

Che fosse inquieta l'aria di quel giorno nessuno lo poté sospettare. Gelida, anche a mattino avviato, questo sì. E uggiosa, il cielo plumbeo, le estremità delle mani e del naso a dimostrarlo, il goffo soffio di vapore che fuoriusciva dalla bocca e dal naso, come il getto di una vaporiera.

Quando Elisabetta Scacchi s'alzò, presto, alla mattina, fu attraversata dall'uggia, la fatica di un giorno di lavoro trascorso tra le mura del suo reparto d'ospedale. Ma molte ore, ancora, si interponevano al suo ingresso in servizio, nel turno pomeridiano, alle quattordici.

Restò tra le coperte a poltrire. Si stirò e rigirò nel suo letto.

Nella memoria le parole dette con le amiche nei giorni tra-scorsi e le notizie giornalistiche della giornata precedente: una contesa internazionale tra Italia e Bulgaria. Arresti di diplomatici bulgari. Un addetto d'ambasciata, Antonov, accusato di essere tra gli artefici dell'attentato contro la vita del papa. La guerra fredda che non voleva acquietarsi, e sembrava non doversi concludere mai.

S'alzò, prese la sua colazione. S'apparecchiò a una mattina normale, forse vuota, ma confortante.

Trovò sui giornali le notizie della sera. «Leggiamo tutti i giorni quanto già conosciamo per la TV nei telegiornali del giorno prima», pensò tra sé. Si soffermò sulla notizia della condanna di un primario dell'ospedale nel quale ella lavora-va, quattro mesi di prigione e una multa, per interessi priva-ti: le pratiche di un barone della medicina, pensò, attento alle proprie fortune personali, forse, più che al benessere dei pazienti.

E poi il resoconto di un evento celeste, fascinoso e miste-rioso, l'eclissi di sole che la luna aveva provocato, il giorno precedente, oscurando, quasi fosse il presagio di età consu-mate, lo splendore dell'astro. Ma tra la curiosità e il leggero turbamento, Elisabetta Scacchi trascorse oltre, sfogliando le pagine spente del quotidiano, quasi sollevata, per non aver potuto assistere all'arcano del cosmo turbato.

Ebbe l'idea di recarsi al lavoro con la moto, ma la accanto-nò: «meglio l'auto di questi tempi. Tornerei a casa congelata stanotte». Ripassò mentalmente gesti e azioni della sua ripre-sa lavorativa. Ricostruì il quadro orario dei propri colleghi: «Vaghi, Paradisi, Bonfanti, Mancuso? La Mancuso si o no? Gabrielli no, meglio…» Un turno confortante, per un luogo di lavoro in cui ella sentiva di essere oggetto forse di invidie, ma al quale teneva, compiaciuta, felice di un'allegria interio-re. «Troppo spigliata? Arrogante? Eccessivamente disinibita? O semplicemente libera? » Il flusso del pensiero di Elisabetta Scacchi la accompagnava, giorno dopo giorno, in un'indagi-ne sul suo ruolo lavorativo, spesso eccessivamente feroce verso se stessa, altre volte quantomeno poco indulgente.

Pranzò in famiglia. Un rito futile e rilassante, che la con-fortò, la rigenerò a dovere. Poi ascoltò il notiziario delle tredici, il TG2; pensò a se stessa, tra un lancio delle notizie e l'altro.

Prese il soprabito e uscì.

Non poteva immaginare che stesse dirigendosi verso la più infernale delle macchinazioni, una trappola attrezzata a sua misura, imbastita in modo approssimativo ma con grande ferocia.

Il dottor Walter Bonini avrebbe poi ammesso la natura suggestiva dei propri sospetti: in base a voci dei paramedici, aveva ritenuto, «un po' per intuizione», che le crisi dei pazienti potevano essere indotte, fra i molti farmaci presenti, da uso improprio di adrenalina. Non un dubbio, in effetti, ma una certezza non mancava tra i pensieri del cardiologo: la specializzata Elisabetta Scacchi coltivava la mortale prassi della soppressione dei deboli? Lei la fonte di tali azioni, non altri? Egli diede quindi ordine alla caposala Gabrielli di controllare le fiale di quel farmaco, l'adrenalina, e di vuotare i cestini dei rifiuti prima che Elisabetta Scacchi iniziasse il turno alle quattordici.

Ella entrò in servizio puntualmente, con i suoi colleghi Paradisi, Mancuso, Bonfanti e Vaghi. Quando ebbe accesso al reparto, diede una sbirciata ai nominativi del turno precedente: Ferrario, Colombo, Azzi, Villa. «Villa – meditò tra sé – è sempre nel turno precedente al mio, che casualità...» In effetti, una tale regolarità avrebbe potuto incuriosire gli inquirenti, ma l'infermiera Villa non fu mai interrogata.

Due ore prima, il dottore cardiologo, Walter Bonini, aveva avuto un dialogo con Gloria Gabrielli:

– Sull'Elisabetta ci sono troppi sospetti, sosteneva l'infermiera.

– Oggi appureremo, non tema. Controlli, come le ho già detto, i cestini in unità coronaria e le fiale di adrenalina. Questa volta magari sarà quella decisiva...

Dalle cartelle cliniche di Orsenigo e Tettamanti, che Elisabetta Scacchi verificò all'inizio del turno pomeridiano, emerse che i pazienti erano già sotto fleboclisi, applicata nel turno precedente e non sostituita nel successivo.

Né Tettamanti né Orsenigo avevano in previsione terapie endovena ulteriori salvo quelle prescritte. Ogni intervento di

Elisabetta Scacchi sulle flebo applicate di già o con iniezioni specifiche sui pazienti, sarebbe stato notato, quindi, per mancata disposizione medica; disposizioni che venivano indicate su un apposito diario di cui ciascun infermiere prendeva visione all'inizio del proprio turno.

I sospetti iniziali erano maturati, nell'ospedale, «in un clima di caccia alle streghe», come non avrebbero mancato di notare i legali di Elisabetta Scacchi, Felice Sarda e Enrica Domeneghetti. In effetti, tale non era stato il clima effettivo, storico, di quel momento e quel luogo. Esso era stato favorevole, e per quanto sia possibile in un reparto d'ospedale, quasi spensierato. Ma tale divenne, cupo e tetro, quasi per una inversione temporale che tutto unifica, retroattivamente, per un corto circuito della vita. Quei sospetti sarebbero apparsi inconsistenti e addirittura contraddetti e vanificati dalle successive risultanze e perfino da semplici operazioni logiche.

Essi traevano spunto dalla convinzione ripetuta e propalata da alcuni colleghi dell'infermiera. «Fatti strani» sarebbero stati denominati, persino nella sentenza di arresto. Di essi aveva avuto sospetto il generico Giuseppe Noseda: «arresti cardiaci non chiaramente spiegati sul piano del decesso dalla grave malattia per la quale i pazienti erano ricoverati». Ma mai Noseda era stato presente a quei decessi «sospetti». Mai egli fu in turno con Elisabetta Scacchi in quei frangenti.

L'unico episodio di cui aveva avuto una diretta esperienza riguardava l'improvvisa crisi di un paziente, che tuttavia non era andato in arresto cardiaco ed era stato soccorso dal dottor Rossetto, chiamato proprio dalla infermiera Scacchi. Adriano Azzi, anch'egli generico, era stato a sua volta influenzato dal proprio collega, ma quando venne interrogato dal magistrato inquirente dichiarò di non avere notato nulla di strano in occasione dei decessi di tre pazienti, mentre era di turno con Elisabetta Scacchi.

Una suggestione collettiva di tale portata avrebbe potuto essere fugata anche soltanto da una banale osservazione del numero dei decessi statisticamente distribuiti per turni di lavoro. Tra quanti ne avvennero nel reparto di unità coronaria, dal primo novembre 1982 al trentuno gennaio 1983, furono quarantasei quelli avvenuti nel turno della Scacchi, e sono inferiori alla norma numericamente rilevabile. In alcuni turni in cui Elisabetta Scacchi non era presente, si verificarono fino a tre decessi...

Quando varcò la soglia del reparto, Elisabetta Scacchi compì i gesti routinari, pietosi e meccanici al tempo stesso, rivolti ai nove pazienti abbandonati nelle loro postazioni di sofferenza.

L'infermiera Vaghi le si avvicinò, poco dopo avere iniziato il turno: le comunicò che si sarebbe allontanata qualche minuto, per una visita a un parente ricoverato. Prima delle sedici, ormai era quasi oscuro il cielo invernale, i padiglioni illuminati artificialmente da qualche minuto, Pietro Tettamanti entrò in crisi. L'«intuizione» del cardiologo, il dott. Bonini, circa la somministrazione di adrenalina, rivelatasi poi errata, indusse il medico a somministrare a Tettamanti un antidoto di quella sostanza. Alle sedici, ormai in condizione preagonica, il paziente venne dimesso, su richiesta dei parenti.

La diagnosi fatale: insufficienza ventricolare sinistra secondaria ad infarto miocardio esteso trasmurale.

Una morte che i cari del sofferente piansero, costernati e misericordiosi; ma meno pietosa fu la reazione del cardiologo. Poco dopo la dimissione dell'anziano, chiamò la caposala Gabrielli, forse per sfogarsi, forse per un conforto investigativo: la convocò, affinché raggiungesse l'ospedale Sant'Anna, controllasse lo stato di utilizzo dell'adrenalina, insomma si attivasse per la necessaria indagine.

Un clima complessivo di isteria creatosi in ospedale sarebbe stato denunciato in seguito dalla difesa di Elisabetta Scacchi, e a tale definizione sarebbe ritornata con la propria memoria l'infermiera, anche dopo la conclusione della sua vicenda, non sempre ricordandolo per vero, quasi come se il futuro potesse influenzare ed operare sul passato. Medici e caposala, «pur avendo predisposto la trappola per cogliere sul fatto la Scacchi», dopo la crisi e il decesso di Pietro Tettamanti, non vigilarono infatti sulla loro sospettata, ma si allontanarono dal reparto, lasciandola libera – secondo l'accusa – di somministrare il farmaco anche alla successiva martire predestinata, Eugenia Orsenigo, letto numero sei, *noli me tangere*, "vittima" e passiva incolpevole.

Trafelata, ansante ed emozionata al tempo stesso, Gloria Gabrielli giunse in ospedale poco dopo le sedici. Non si recò immediatamente nel reparto di unità coronaria. Chiamò l'infermiere Bonfanti, e si fece portare in uno stanzino del piano sottostante il contenuto degli armadietti dei farmaci, contò le fiale, non notò alcuna irregolarità.

Impiegò diversi minuti per il computo delle giacenze, completato il quale, dal terzo piano, tornò al reparto. Vi entrò indispettita, furente per certi versi: l'occasione da tempo cercata s'era mostrata e s'era altresì vanificata. I suoi calzari bianchi si muovevano frenetici, quando attraversarono la soglia dell'unità coronaria, scorti con curiosità e stupore dagli occhi di Elisabetta Scacchi. Erano circa le diciassette e trenta minuti.

La caposala Gabrielli s'arrestò, come in un saluto marziale, biancovestita e fremente. Squadrò di fronte a sé l'infermiera specializzata, la quale teneva nelle mani il cesto dei rifiuti che aveva appena svuotato nella pattumiera centrale del reparto. Una veloce intuizione balenò nella fantasia della caposala. Quanto era sfumato in sede di prima indagine, avrebbe potuto manifestarsi per altra via. Ma Elisabetta Scacchi, proprio mentre incrociava la superiora, nelle prossimità del letto numero sei, scorse la paziente che iniziava a dare segni di sofferenza. Diede l'allarme, perché ebbe coscienza di quanto diceva, sostiene Elisabetta Scacchi; per deviare il sospetto che proprio in quel momento si affacciava alla fantasia della caposala, sostenne il pubblico ministero che l'accusava.

E l'ictus della tensione, l'apice della divergenza dei sensi, le differenze del sentire e del percepire giunsero allora a dirompere la realtà, a relativizzarla in un incongruo processo di impianto neoermeneutico. Ciascuno sentì qualcosa di diverso, a modo suo, quasi che l'intera scena venisse descritta da un pirandello in sedicesimo.

Così riportarono le parole di Scacchi, in modo diverso, i colleghi:

Vaghi: «la Orsenigo è entrata in arresto cardiaco»;

Paradisi: «è in fibrillazione anche la Orsenigo»;

Gabrielli: «chiama il cardiologo perché la numero sei sta andando in arresto».

Una «sovrapposizione suggestiva» la definiscono i legali di Elisabetta Scacchi, un momento di amareggiante incertezza, una follia collettiva.

L'annuncio della sofferenza della paziente scosse il clima dei sospetti. La caposala accorse al capezzale di Orsenigo, chiamò il medico, dette i primi soccorsi manuali, chiamò e dette disposizioni agli altri infermieri.

Mentre si praticavano i soccorsi, Gloria Gabrielli andò alla pattumiera centrale, spinta dal sospetto che l'aveva attraversata, e raccolse l'ultimo sacchetto in quella scaricato, vi trovò le nove fiale di ajmalina nella composizione del farmaco Ritmos 50.

Prese inosservata una scatola di cartone vuota e vi infilò il sacchetto, per non farsi notare.

Poi incontrò di nuovo Elisabetta Scacchi. Con aria di rimprovero.

Fu tempestiva la caposala ad avvisare il dottor Bonini, che applicò a quel punto la terapia di contrasto all'ajmalina, non più all'adrenalina, come era accaduto due ore prima, con risultato positivo.

Alle diciotto la crisi di Eugenia Orsenigo era superata.

Alla sua memoria Elisabetta Scacchi rimprovera di avere dimenticato molti dettagli, e tuttavia non la loro impressione generale; ma il dubbio, il senso logico e l'evidenza dei fatti non mutano che, se Eugenia Orsenigo non fosse apparsa in crisi, così come fu in seguito alluso dagli accusatori di Elisabetta Scacchi, perché la caposala Gabrielli chiamò il cardiologo, e non accusò invece l'infermiera specializzata né le chiese chiarimenti?

Elisabetta Scacchi era infatti sulla porta che divide l'unità di cura coronaria e cardiologia, l'infermiera che lo testimonia è Vaghi. Si trovava molto vicina al letto numero sei e notò le difficoltà respiratorie di Eugenia Orsenigo. Dette l'allarme, abbassò il letto, come la procedura d'emergenza prevede, prese il pallone per praticare la ventilazione e diede disposizione per mettere in funzione l'elettrocardiografo.

Eugenia Orsenigo, alle diciassette e quarantacinque, era

ancora in terapia con isoproterenolo in infusione endovenosa, che non venne sospesa a seguito delle complicazioni. Ma l'isoproterenolo (farmaco adrenergico) non è un antidoto dell'ajmalina. Serve a contrastare le conseguenze dell'embolia polmonare. Questa terapia ritarda, non impedisce la morte, *exitus* nella letteratura del caso.

Alle diciotto Eugenia Orsenigo mostrava parametri vitali tipici di uno stato di shock cardiogeno: insufficienza respiratoria, tachicardia (frequenza 140/minuto), ipotensione (pressione arteriosa 90/60), marcato aumento della pressione venosa centrale. Tutti indici di congestione del circolo polmonare. Nessun disturbo elettrico invece si manifestava nella sua condizione: causa patologica naturale, come l'embolia polmonare. Il dottor Bonini aveva applicato una terapia con anticoagulanti (eparina in infusione) e adrenergici (dopamina e isoproterenolo): serve per contrastare l'embolia polmonare e le conseguenti disfunzioni cardiache. Potrebbe cioè avere contrastato e ritardato una morte da tromboembolia polmonare senza riconoscerla.

Nel cestino, così come venne recuperato dalla caposala Gabrielli, risultavano fiale di farmaci prescritti al mattino. Il che farebbe insorgere l'ipotesi che le fiale di Ritmos fossero state usate la mattina, con introduzione nelle flebo, apportando effetti che si sarebbero poi prodotti nel pomeriggio, per la lentezza dell'introduzione in vena della soluzione.

Di fatto, il controllo decisivo condotto dalla caposala era terminato un'ora dopo la crisi di Pietro Tettamanti. Ma risulta ancor oggi incomprensibile a Elisabetta Scacchi, come non mancarono di rilevare i suoi difensori, il fatto che dopo il recupero delle nove fiale di Ritmos non si sia provveduto a verificare il quantitativo di quel farmaco né ad effettuare il calcolo delle giacenze.

Oscura la ragione di tanta leggerezza, se si esclude l'effetto distorsivo di quella «suggestione collettiva» che aveva permeato l'intero reparto, impegnato in una ottusa ricerca d'un colpevole. Una suggestione che spiegherebbe anche il comportamento della dottoressa Musumeci, allora in servizio, che denunciò come "sospetto" il gesto di Elisabetta Scacchi di gettare nel cestino dei rifiuti della stanza dei medici, alla presenza di più persone, una siringa che le era rimasta in tasca e che la dottoressa recuperò nella convinzione che si trattasse di un corpo di reato. Sottoposta ad analisi, la siringa si sarebbe rivelata priva di ajmalina, come del resto tutte le siringhe consegnate ai periti.

Eugenia Orsenigo sarebbe morta poco dopo, alle diciannove e trenta minuti, per arresto cardiaco dovuto a insufficienza cardiaca congestizia complicata da tromboembolia polmonare. Le fiale di Ritmos 50 erano state ritrovate dalla caposala Gabrielli un'ora e quarantacinque minuti prima. Alle diciannove, il dott. Bonini aveva interrotto il proprio turno di lavoro.

Nessuno poté lamentare un atteggiamento sospetto di Elisabetta Scacchi in quel lasso di tempo che va dalle diciotto alle diciannove e trenta. E nonostante ciò, proprio quello relativo a Eugenia Orsenigo si manifesta come il caso più delicato. I primi periti avrebbero affermato infatti un ruolo «quantomeno concausale» della ajmalina nel verificarsi della sua morte. I periti padovani avrebbero concluso in modo più attenuato: «la non dimostrata quantità di essa ... [con altre condizioni...] non consente di esprimere un parere motivato circa il nesso causale tra la presenza del farmaco e la morte».

E proprio su questo punto avrebbe insistito il reale diverbio tra i due colleghi peritali. Ma entrambi avrebbero riconosciuto le gravi condizioni della paziente. A una analisi più distaccata della situazione, appare pacifico che a Eugenia Orsenigo fu somministrata ajmalina non prescritta dai medici.

Ma ciò non rappresentò, né avrebbe potuto rappresentare una motivazione per accusare Elisabetta Scacchi di esserne artefice. Anzi, i maggiori sospetti, ancor oggi, potrebbero cadere su una colpa che abbia avuto origine nella lenta somministrazione, goccia a goccia, iniziata ore prima dell'inizio del turno di lavoro di Elisabetta Scacchi. E in ogni modo, anche se si appurasse che Eugenia Orsenigo abbia ricevuto una somministrazione errata, ciò non motiverebbe né la causa della sua morte né l'intento di procurarla in modo premeditato. Quale sia stato il ruolo concretamente svolto dalla ajmalina nella morte di Eugenia Orsenigo risulta ancora più evidente se si considera la successione cronologica delle due crisi che ella subì in quel sedici dicembre. Delle diciassette e trenta è la prima crisi, che viene arginata con una terapia di contrasto all'ajmalina. Ma dopo di essa, nessun intervento di Elisabetta Scacchi fu più possibile, ammesso che l'infermiera specializzata avesse compiuto il primo, per inoculare altro farmaco. Data la brevissima emivita della ajmalina e la rapida scomparsa dei suoi effetti tossici, una somministrazione prima delle diciassette e trenta non avrebbe potuto determinare la morte circa due ore dopo.

Considerazione che non si comprende come non venisse in mente agli inquirenti di quel tempo. E dire che sulla strana sostanza tossica essi disponevano di ampia letteratura. Dell'ajmalina infatti conoscevano ogni cosa: che si tratta di un alcaloide estratto dalle radici della *ranwolpia serpentina*, usato in cardiologia per le sue proprietà antiaritmiche analoghe a quelle della chinidina. Che si tratta di un prodotto farmacologico con breve durata d'azione, che ha degli effetti secondari molto pericolosi, e che viene rapidamente metabolizzata ed eliminata, almeno nella composizione delle quale furono ritrovate le fiale incriminate.

Quel pomeriggio di dicembre qualcosa di molto grave accadde, che segnò la vita della giovane donna; e dire che ella non ne ebbe immediatamente sospetto.

Anni dopo, avvocati e giudici avrebbero discettato quasi come in una disputa accademica sulla natura di *fatto* attribuibile agli eventi consumati nella lunga camerata del reparto in cui Elisabetta Scacchi svolgeva il proprio lavoro. Benché espresso con un linguaggio per certi versi assurdo, l'oggetto del disputare, il fatto penalmente inteso, avrebbe marcato il destino della donna, prossima ad essere dilaniata in quattro anni di inchieste, procedure, incarcerazione e processi morali: quel sedici dicembre, vi fu un fatto penale, connesso al fatto naturale delle due morti di Tettamanti e Orsenigo? Sarebbe stato il fulcro della faticosa vicenda umana di Elisabetta Scacchi, come disse il collegio di difesa, il «tema pregiudiziale e fondamentale delle cause…», ovvero, «1. Se sia stata o meno somministrata ajmalina… 2. se detta sostanza abbia svolto un ruolo causale o concausale nel determinismo della morte».

Il fatto, il «proprio del giudiziale», come ebbe a dire un antico giurista, Bono Giamboni, che rappresenta la base e la fonte dell'interrogarsi, divise coscienze e modi di intendere la vita. Da una parte chi, come il pubblico ministero di Como, faceva riferimento a una concezione di fatto, per così dire naturalistica: ad essa faceva corrispondere meccanicamente un delitto. Altri, che mobilitarono a proprio favore pareri giurisdizionali autorevoli, tendevano a separare fatto naturale e fatto penale. Gli avvocati della difesa di Elisabetta Scacchi cercarono e citarono, chiesero pareri e lumi, sino alla suprema Corte: «La nozione di fatto in senso penalistico comprende tutti gli elementi materiali del reato». Un'argomentazione che li conduceva, inevitabilmente alla formula: «il fatto non sussiste» da adottare di necessità «quando si escluda la *condotta* o l'*evento* o il *nesso causale*».

Il fatto da dimostrare non era la morte di alcuni, ma l'omicidio «comprensivo di condotta materiale, nesso causale ed evento». E persino una sentenza della corte di Cassazione (17 marzo 1982, ricorso Greco) avrebbe portato munizioni per l'ultimo assalto della tesi difensiva: «La nozione di fatto, in senso penalistico, è comprensiva di tutti gli elementi materiali del reato attribuito all'agente (condotta ed evento collegati dal nesso di causalità); di conseguenza, quando la condotta dell'agente non sia stata integralmente realizzata o quando manchi un evento ad essa riconducibile, il giudice deve adottare la formula di proscioglimento che esclude la sussistenza del fatto».

Un fatto, non rilevante per norma, ma piegato agli scopi di una persecuzione a fini collettivi, non accadde quindi quel pomeriggio di dicembre, e tuttavia quel non evento avrebbe turbato i destini, scosso le speranze e la solidità morale di una giovane di poco più di venti anni.

Inconsapevole del proprio futuro, ella intuì soltanto vagamente quanto avrebbe dovuto apprendere per dura esperienza, nei mesi e negli anni successivi.

Con la morte di Eugenia Orsenigo, si chiuse dunque la difficile e tesa giornata di lavoro di Elisabetta Scacchi. Il turno in unità coronaria si trascinò stancamente fino alle ventuno. Dopo di che ella poté ritornare a casa, a curare le ferite al proprio morale che tanta sofferenza aveva fatto emergere; ebbe persino il vago sospetto che si fosse compiuto quel dì un passo definitivo, storico nella sua vita. Immaginò che importanti decisioni l'avrebbero impegnata a breve.

Il gelo aveva segnato la sua esistenza, quel sedici dicembre, ma era un gelo che aveva superato la fredda temperatura atmosferica di fine d'autunno comasco. Nulla sarebbe stato più come prima, e lei non lo sapeva ancora. Rincasata, svuotata e stanca, si tolse nel suo bagno i vestiti, scrutò nello specchio il proprio corpo di ventenne, asciutto e tonico, e tuttavia affranto. Rammentò, come un soffio leggero, nella residua memoria quotidiana, la foto sull'eclissi di sole; l'eclissi con il quale aveva mancato l'appuntamento. Si compiacque dell'evento mancato, nulla avrebbe potuto turbarla per allora.

Aprì i rubinetti della sua vasca da bagno, un flusso gorgogliante d'acqua calda riempì l'involucro, e lei vi si distese, in silenzio, immaginando, nonostante la stanchezza, nonostante le difficoltà di lavoro e le insidie che percepiva intorno a sé, nonostante tutto, un futuro piacevole e sereno.

Appendice 1

Il procuratore Del Franco era un uomo serio, un giudice stimato, e all'epilogo di un processo nel quale egli dovette sentirsi quasi abbandonato dai molti sostenitori che all'inizio lo avevano incoraggiato, non dovette facilmente rassegnarsi.

Ricorse quindi, e si rivolse alla corte d'appello di Milano, chiedendo la riapertura di un'inchiesta nella quale aveva gettato buona parte della propria credibilità istituzionale. E tale assise, soppesando le ragioni di una parte e dell'altra, emise al fine un verdetto, con una sentenza per molti versi esemplare, pesante, perentoria nei toni e nell'esito pratico.

Il nove novembre 1988, a tanti anni dalle scaturigini del processo contro Elisabetta Scacchi, l'adunanza della sezione istruttoria presso la corte d'appello di Milano, presieduta dal giudice Piero Dini, sentenziò quindi, con un atto che sarebbe stata l'ultima pietra miliare d'un percorso giudiziario, ma soprattutto umano, in macroscopico favore delle ragioni della giovane infermiera, emanando una definitiva smentita del paradigma inquisitorio maturato nella procura di Como cinque anni prima.

L'intero impianto venne smontato e vanificato. A partire dai rilievi critici espressi dalla procura comasca contro la prima sentenza assolutoria del giudice Bodero Maccabeo. «I rilievi formulati dall'appellante – scriveva la corte d'appello milanese – non possono considerarsi decisivi per attribuire maggiore attendibilità, sul piano della prova generica, alle conclusioni adottate dai periti milanesi». In gioco, nuovamente, erano state richiamate le divergenze tra istituti patologici di Milano e Padova.

Ma continuava, la sentenza, a smentire le intenzioni del procuratore di Como: «I dubbi concernenti l'esistenza della

prova generica (mancata dimostrazione di introduzione del-
l'ajmalina nei casi Romeri, Cingolani, e Saldarini; mancata
dimostrazione del nesso di causalità tra la morte e la presenza di ajmalina nei casi Tettamanti e Orsenigo) impediscono di
ravvisare nella specie gli estremi non solo del delitto consumato, ma anche del delitto tentato: [...] le risultanze istruttorie non consentono neppure di affermare che siano stati com-
piuti atti "idonei" a procurare la morte delle persone cui essa
risulta iniettata». La distinzione delitto consumato e delitto
tentato, da manuale della procedura, veniva così proposta
all'attenzione di una pubblica opinione non più appassionata a quel caso.

Il percorso assolutorio intrapreso dal giudice istruttore di
Como veniva avallato, e con esso l'intero disegno difensivo
degli avvocati difensori di Elisabetta Scacchi: Felice Sarda e
Enrica Domeneghetti. Sullo sfondo di tale collegio difensivo,
la presenza non ininfluente di Carlo Smuraglia: «Alla luce
dei rilievi che precedono – continua la sentenza del 1988 – del
tutto corretta risulta l'adozione della formula di proscioglimento adottata dal Giudice istruttore ("perché il fatto non
sussiste"); l'accusa polemica dell'appellante, che a tale
dichiarata insussistenza del fatto si ribella, non tiene nella
dovuta considerazione che "la nozione di fatto, in senso
penalistico, è comprensiva di tutti gli elementi materiali del
reato attribuito all'agente (condotta ed evento collegati dal
nesso di causalità); di conseguenza, quando la condotta del-
l'agente non sia stata integralmente realizzata o quando
manchi un evento ad essa riconducibile, il giudice deve adottare la formula di proscioglimento che esclude la sussistenza
del fatto. (Cassazione, 17 marzo 1982, ricorso Greco)».

Mancavano quindi, continuava la corte d'appello di
Milano, tanto le prove specifiche che quelle generiche: «Ad
avviso della sezione istruttoria l'incertezza della prova generica avrebbe potuto essere superata [...] solo mediante una
prova specifica che avesse convogliato a carico della Scacchi
una serie di elementi univoci...»

«Sul punto esiste già un'ampia disamina e confutazione
del giudice di primo grado, il quale ha fondato il proprio convincimento su argomentazioni che questa Sezione condivide

e fa proprie. In aggiunta alle stesse e allo scopo di ridimensionare episodi che l'appellante ha corredato di talune sottili inesattezze in senso, naturalmente, negativo per l'imputata si ritiene necessario fare alcune precisazioni».

A seguire, il collegio dei giudici milanesi passava in rassegna i passi obbligati dell'inchiesta della procura comasca, e li apprezzava, per quanto essi valevano. Lo svuotamento dei rifiuti operato dopo il decesso del paziente Tettamanti; le testimonianze della caposala sul suo incontro con Elisabetta Scacchi avvenuto alle diciassette e trenta del fatidico giovedì; quanti fossero i cestini portarifiuti presenti nella sala di unità coronaria, tutto confermava la conclusione del giudice istruttore di Como.

La sentenza seguì le sue necessarie premesse. L'atto si completava, una definitiva chiusa veniva imposta all'ultimo rogo che il nostro paese conobbe: «... la compiuta istruttoria non è pervenuta a conclusioni certe né in ordine alla prova generica né in ordine alla prova specifica».

E tale chiosa inappellabile non eluse, per quanto sarebbe stato possibile, e quasi conveniente, di affrontare, in conclusione, la lacuna macroscopica che, dal primo giorno dell'inchiesta, aveva caratterizzato il caso Scacchi, la mancanza di un movente dei presunti omicidi che poi omicidi non furono dimostrati. E lo faceva con una tono sottilmente ironico: «... Non v'è dubbio che l'accertata esistenza di un movente, pur non essendo necessaria per la configurazione del delitto di omicidio, sarebbe stata di indubbio ausilio nella fase istruttoria...»

Il caso giudiziario di Elisabetta Scacchi usciva così dalla cronaca, veniva consegnato alla storia.

Appendice 2

Abbiamo ricevuto dalla signora Elisabetta Scacchi, la protagonista recente della storia contenuta in questo racconto di Filippo Di Gregorio, una lunga lettera nella quale abbiamo ravvisato un urgente bisogno di confermare, laddove era da confermare, integrare laddove era a suo parere da integrare, il resoconto delle vicende che la riguardarono, venti anni fa.

Come Elisabetta Scacchi ha ben compreso, il racconto che Filippo Di Gregorio ha voluto redigere, è qualcosa in più di un semplice resoconto giornalistico. Cosa sia lo giudicheranno i suoi lettori; ma certo il lavoro di scavo e di elaborazione narrativa da egli realizzato è stato arduo, ha mirato a fornirci più di un semplice esercizio di cronaca: si è cimentato cioè con l'imbarazzante e controverso tema della ricerca della verità.

Ciò detto, abbiamo deciso di pubblicare la lettera di Elisabetta Scacchi, non perché essa non confermi (anzi) quanto raccontato dall'autore; ma perché semmai lo puntualizza e lo rende vitale.

Gentile Editore,

quando, dopo un prudente filtro per interposta persona di mia fiducia, ho accettato di leggere le bozze di questo lavoro, mi sono accorta di quanto ancora, dopo vent'anni, questa vicenda riusciva a turbarmi.
Le bozze sono rimaste settimane su un tavolo ad attendere d'essere lette.
Dunque le ho lette e non mi hanno fatto alcun male, anzi ho come riconosciuto nello stile rigoroso della ricerca, dello studio dei linguaggi, dei toni e dei costrutti d'allora il racconto strutturato dei miei sentire istintivi di testarda, razionale e appassionata 25enne.
Quando, in quei lunghissimi sei anni, mi veniva chiesto dove trovavo la forza e la serenità che mi accompagnavano dicevo: «nella certezza che prima o poi la ragione, e quindi la trasparente verità, prevarranno». Per ragione intendevo l'uso della mente scevro da fantasmi interni ed esterni ai protagonisti.
Alcuni di questi "protagonisti" furono solo piccoli, presuntuosi quanto stupidi ed improvvisati cospiratori del nulla, qualcuno fu modestissimo e influenzabilissimo inquirente, altri lucidissimi mestatori di pubblica opinione, i più furono semplicemente degli ignavi. Credevo e credo nell'amministrazione della Giustizia, nelle sue regole e riti di garanzia. Oggi come allora credo che furono non la Legge ma le persone ed il loro piccolo mondo, gli equilibrismi e gli strattoni fra i poteri a sostenere quell'infinita spirale di insensate violenze. Violenze alle persone, tra cui me e la mia famiglia, violenza alle regole, alla logica, alla Giustizia medesima.
Dopo la lettura delle bozze ho riflettuto su come trasparisse, dagli atti e dalle cronache analizzate dall'autore, un clima pesante di mia solitudine e di malevola congiura a monte, cioè come presupposto dell'intera vicenda. Ma questo non è, a mio avviso e nel mio vivo ricordo, del tutto vero. Quel che resta negli atti e attraverso la sola stampa locale è un "racconto" parziale, dove non hanno trovato posto altre sfumature e voci. Non fu proprio e solo così, e desidero dirlo in onore di molte persone e di una parte della mia città. Io ero allora una persona né più amata né più detestata, né meno né più importante di mille altre, avevo comunissimi rapporti nel mondo del lavoro, comuni simpatie quanto comuni antipatie. Ero solo un poco più nota di altri perché sindacalmente e poli-

ticamente impegnata, con la vivacità, ed il folclore anche, di quegli anni miei e della Storia italiana.

Dopo, solo dopo, l'avvio pubblico della vicenda divenni un personaggio. Fra le mie caratteristiche personali solo quelle ritenute funzionali al nascente personaggio furono affastellate nelle cronache locali in pindariche e a volte pruriginose analisi del carattere, delle passioni (cosa non mi costò l'avere la moto!!!), delle amicizie, delle giovanili esuberanze tutte volte a far sospettare patologie del comportamento personale e sociale. Medesima cosa fecero alcuni inquirenti ed alcuni indaganti. Ne dissero d'ogni colore e sorta, pur se con il passar degli anni, e degli atti, la fantasia collettiva e giudiziaria cominciò a trovarsi in grande penuria d'argomenti.

Avevo molti amici e non ne persi allora nessuno, mi giunsero molti messaggi, visite, gesti di solidarietà anche da ex pazienti e loro familiari, da persone politicamente impegnate in campo avverso. Né io né la mia famiglia subimmo un isolamento affettivo o sociale. Moltissime persone, semplicemente ragionevoli, che mi avevano conosciuto in qualcuno dei miei contesti pubblici o sociali non ebbero mai alcun dubbio; solo non ebbero mai pubblica risonanza. Il comportamento dei Carabinieri, ad esempio, fu in ogni occasione addirittura protettivo e rassicurante.

Io ripresi il mio lavoro poco dopo il termine degli arresti domiciliari, e non trovai mai difficoltà o ostracismi con i pazienti o con i colleghi, eppure, in ragione delle varie fasi giudiziarie, ritornavo spesso ad essere in prima pagina. Ricordo solo la tensione, l'imbarazzo e persino la paura di molti fra gli ignavi della prima ora, quando, per caso, mi incontravano in ospedale o in città.

Poi, finalmente, come promesso da me a me stessa, la ragione prevalse. Certo non fu un caso, ci fu il maggior rigore dei magistrati successivi al Pubblico Ministero e, soprattutto, il lavoro eccellente, esemplare ed appassionato dei miei avvocati che scelsero le vie più tutelanti per me: le memorie difensive in fase istruttoria.

Altri, meno rigorosi ed onesti, come qualche penalista di grido attualmente in voga, avrebbe scelto di trascinare l'accusa in un dibattimento, per essa ragione disastroso, e quindi inseguendo l'obiettivo di farsi una grande, personale pubblicità. Loro, invece, difesero me persona e di questo non posso che essere riconoscente, per sempre, a chi c'è ancora e a chi, sfortunatamente, non c'è più.

Da questa bizzarra ed insensata storia io credo d'aver imparato *un'infinita pazienza e miglior capacità d'ascolto e di libero giudizio. Non ho mai pensato che la mia vita ne sia stata influenzata in peggio: ciascuno incontra i suoi dolori, drammi, scogli.*

Sono una persona serena. Realizzata nel lavoro, che amo e non ho cambiato. Soddisfatta dell'impegno politico, che non è mai cessato e che pur se oggi più consapevole e maturo, mi appassiona quanto allora.

Ho una bella famiglia, amici d'allora e nuovi, ed ho ancora persino la famigerata moto.

Una sola cosa non ho più: una mia città. Como l'ho cancellata dalla mia memoria, per me è un posto come un altro, non provo per essa nulla, nessun rancore ma anche nessun senso di appartenenza. Ecco mi è rimasta questa sensazione d'essere senza radici geografiche, qualcosa dovevo pur dimenticare: ho scelto di dimenticare un luogo ed un suo oscuro tempo.

Elisabetta Scacchi

INDICE